名産
菜」
な の仲間。少しピリッとする。
まつり」「つけもの」に
1~3月につけこむ。
間にもあり!?)
子易
あま～いかき
道端に売ってるよ!
ぶどうみたい
固いうちに食べる。コリコリ感が身上。
川崎市神生の禅寺丸がもとだといわれる。
食べ切れないと母が干し柿にしてくれた!!
干し柿も美味!!
樹齢1000年!!!!!!
落ちている葉っぱ
もってると
幸せになれ
ナギの葉っぱ。
これでも、針葉樹
今は禁止…
細くなりすぎ
神社の柱を
削ってお守りに
元気な赤ちゃん
産まれますように
が急すぎて
バス登れず…
客がバスを
押して登った!
優しい!!
こわれそうな
わらぶき屋
土蔵もあります。
比比多神社
(子易大明神)
鉄カゴでガード
明神前
産能大へ
旧道
まだ続きますよ!
石倉
そば
文字どおりの
「山そば」
大食漢はぜひ、挑戦下さい。
〈新道〉

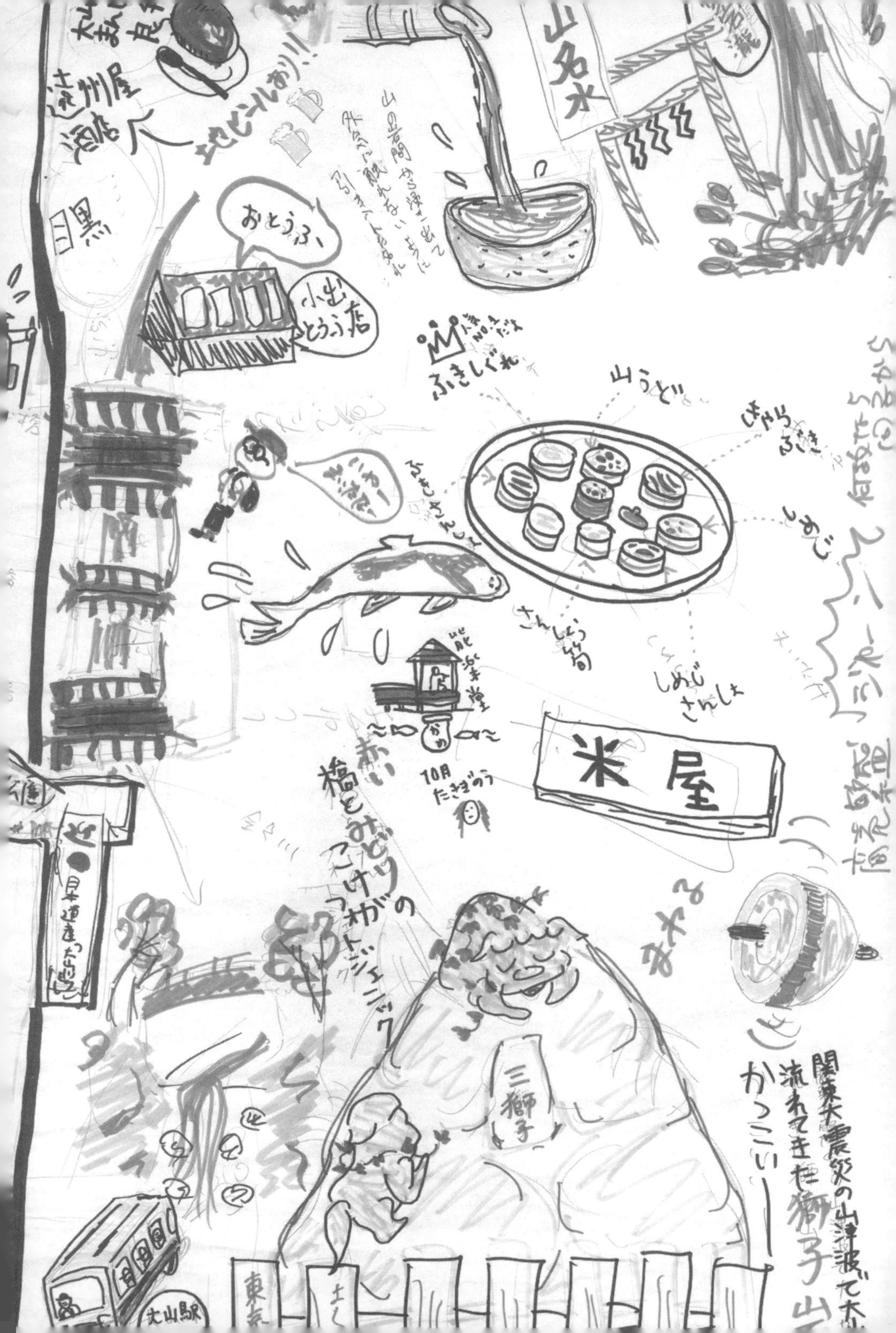

遠州屋 酒店
地ビールあり!!
黒
おとうふ、
小出とうふ店
山名水
ふきしぐれ
山うど
きゃらぶき
しめじ
さんしょう 筍
しめじ さんしょ
能楽堂
10月 たきぎのう
米屋
赤い橋とみどりのこけがマジェスティック
関東大震災の山津波で流れてきた獅子山
かっこいいー
三獅子
大山駅
東京

大山への参拝記念として奉納
時代を超えてたくさん残るぞ！
よく見てみよう。
玉垣
まねき
まねきとは
目印として表に出した
カンバン!!
ひょうたんから
こま
大山こま
美味しい
金子屋さん
ようこそ大山
かき氷
デカイぞッ
iphone
これを
書いていた人
川上純子
塩川幸恵
大矢千津子

手繪地圖畫起來！

挖掘地方魅力的魔法

行人

石文誠（國立臺灣歷史博物館副研究員、特展《地圖很有事》研究策展人）

本書讓我們感受到製作地圖時各方知識的如何「交會」，也「教會」了繪圖者自己。

在地偏好工作室（臺灣城市空間觀察記錄團隊）

沒有比一個在地人手把手告訴你這個地方長什麼樣子更令人著迷的事了！

林智海（北投說書人創辦人）

很多人問我們如何發現北投的秘密，答案就在這本書中，相信它可以帶給你生活莫大的新樂趣。

陳坤毅（打狗文史再興會社理事）

每個人都可以是地圖繪製大師，一同拿起畫筆來分享家鄉的迷人角落吧！

陳科廷（採集人共作室暨坪林故事採集創辦人）

這本書帶我們攤開一張張地圖，看到的不只是方位、路線、地點、指引……種種整合濃縮的資訊，更從中解鎖不同人生活的符號與故事。繪製地圖的人也透過這些線索，解碼各自的神奇小路、隱藏版店家、私密景點，讓多樣的生活時空現身在每個人的路上。

前言

一起重新發掘地方的魅力，以及地方居民的回憶吧！

拿起這本書的你，是否因為不曉得該如何找出自己居住地的魅力，以及該如何將地方特色傳達出去，而正在苦惱著呢？或許有人想為自己的城市吸引人潮，但卻消極地認為這裡既沒有值得一提的觀光名勝，也沒有新開的店家……

有不少人會來問手繪地圖推動委員會：「我雖然對手繪地圖感興趣，但在我們這個地方，也能找到這麼有趣的切入點與題材來操作嗎？」別擔心！我們根據至今為止在日本許多地方舉辦「手繪地圖工作坊」的經驗，可以斷言每個人所在的地方，一定會有專屬的獨特魅力，只是有沒有發現出這些特色的價值，或者也沒有人告訴過你。之所以沒有發現，是因為未能站在「外地人」的視角去看見、並問出當地吸引人的地方。

那一家人的那個很有趣喔～
這樣的話，就把它畫在這裡吧！

發現自己所在地方的隱藏魅力

舉例來說，許多人都喜歡出國旅行，而旅行的目的、也是最大的魅力之一，就是體驗本國與外國的「日常差異」，會發現「原來他們有這樣的食物和習慣！」、驚訝於氣候差異帶來的不同生活風貌、學習其他宗教與文化的習俗……這些在結束旅程之後，與當地居民的交流、接受當地人親切幫助的回憶，是否意外地比任何名勝古蹟，更能在你的心底留下深刻印象呢？

能像這樣察覺地方魅力，所不可缺少的是來自「外地人」的觀點。「你的日常，就是某個人的非日常」——是我們在工作坊中經常傳達給大家的訊息。被自己視為理所當然，從事工作、接觸事務等很平常的度過每日，對來自外地的人而言卻是有趣的新鮮事，也是會想要說給別人聽的非日常。與當地人的交流，將成為那一天、那一刻的特別回憶，也會帶來「想要再度造訪」的心情。

手繪地圖工作坊就是藉由這種「外地人」與「當地人」，彼此齊心協力完成，也是使彼此發現這種交流與接觸關係是很有趣的入口。

讓長年居住在地方的長輩變成英雄吧！

讀完上述的說明，各位是否就能稍微理解我們說的「工作坊能夠巧妙融入外地人的觀點，找出地方的魅力」呢？但、為什麼是「手繪地圖」？或許也有人對於特地採取這種形式的必要性，感到疑惑不已吧。我們的理由有三點：

第一點是手繪地圖具有「容易傳達魅力」與「容易讓人覺得有趣」的特質。手繪地圖能以視覺方式傳達城市魅力，也能補足背後故事。但，為什麼手繪地圖容易傳達故事，又為什麼容易變得有趣呢？最重要的一點就是「偏愛」。一般地圖透過測繪來網羅正確的資訊，但本書介紹的大量手繪地圖，即使是相同的區域，卻會隨著「繪製的主題」改變觀察的角度、放大想要突顯的事物，或者透過飽含熱情的文章與插圖，寫下、畫下參與者感受到的趣味性。就是這樣的「偏愛」，讓手繪地圖變得有趣。

第二點是「娛樂性」，「參與製作手繪地圖」可以當成一種能夠聚集不分男女老幼參與者的活動。工作坊的目的，不是要求他們「為這座城市提供協助」，而是邀請他們「一起畫張手繪地圖」。這麼一來，孩子自己甚至是他們的照顧者，會因為覺得有趣而參加；長年住在地方的長輩，也會因為「自己對過去的事情瞭若指掌」而加入。手繪地圖之所以吸引人，就在於能夠產出「地圖」這種具體的作品，而「在城市漫步」也具有休閒的趣味。從事地方振興相關工作的人也會很清楚這種活動，既容易募集參與者，又能在參加過程中得到樂趣，再好也不過。

最後的第三點是，地方居民、尤其是了解地方長期歷史的人將成為英雄，變成我們的助力。地方的習俗、傳說、老店的歷史、以前發生過的事情……這些地方魅力的重要因素，我們在日常中難以發現，或許就因為能夠闡述這類地方資源的人們，缺乏一個「說話的舞台」。當「有人需要自己擁有的知識」是一件開心的事情，平常看似沉默寡言的人，或許更能準確回答外地人興致勃勃提出的疑問。

除此之外，在城市散步時所拜訪餐飲店從業人員，也是重要的關鍵人物。他們或許會在地圖田野調查的製作階段，告訴參與者創業秘辛、不為人知的珍品等許許多多地方歷史與傳承的秘辛，或者也可能推薦更清楚瞭解這些事情的人物名單。當我們帶著完成的手繪地圖再度造訪時，他們也會認出「你們是那個時候來訪問的人！」，並開心地把手繪地圖擺在店裡，或是看到遊客帶著手繪地圖就與他們搭話等，簡直就是手繪地圖的「共同製作者」！地圖的製作過程本身，就是發現地方魅力，邀請當地人一同參與的好機會。

手繪地圖工作坊——成為地方參與的好機會

在本書中，我們依序介紹從舉辦工作坊到製作地圖的訣竅，其中會穿插曾協助過在日本各地市町村的實踐與成果，地點包括：北海道、山形、宮城、福島、長野、茨城、千葉、東京、神奈川、靜岡、岡山等等。

首先，在序章〈不可能有毫無特色的鄉鎮！〉將介紹我們所舉辦的手繪地圖工作坊是個什麼樣的活動。長野縣立科町的「立科小道消息MAP」——這個最初的案例，是成為日後在各地舉辦工作坊的契機。我們將公開手繪地圖工作坊的流程，以及從接受邀請到工作坊當天的準備過程，換句話說就是介紹工作坊的幕後作業。希望大家可以藉此了解手繪地圖工作坊，是因為有一群充滿熱情的地方公所職員、居民、在地商店與企業的支持，才得以實現。

第一章〈手繪地圖的魅力在哪裡？〉則是先把時間稍微往回推，介紹三張擄獲我們的「大師手繪的著名地圖」。本書試圖挖掘對地方的「偏愛」，但這個「偏愛」到底是什麼呢？有這個疑惑的人，只要讀了本章就能了然於心，絕對會像我們一樣迷上手繪地圖，也會對之後解說工作坊的實際應用技巧更有概念。

序章與第一章是希望告訴大家，地方的魅力不只在於「世界第一」或「日本第一」——這種彷彿企圖透過「數值」以證明其價值的資源。

至於方法論，將在第二章〈從座談會開始〉、第三章〈外出取材趣的要訣〉、第四章〈製作獨一無二的地圖〉中詳細介紹。由當地人、我們這些手繪地圖推動委員會成員、來自各地的外來者一起參與的工作坊，該如何組成與帶動這樣的混合型團隊呢？將在第二章中逐一解析。如果當來自外地的參與者出現了「這是什麼？」、「竟然有這樣的事情！」之類的反應時，當地人也會跟著來了興致，覺得別人竟然會對這種事情感興趣，或是提供其他相關資訊。接著，在第三、四章，將是以許多實踐案例，逐一分析與介紹製作地圖的步驟與訣竅。

在許多案例中，工作坊的參與者在地圖完成之後，也會近一步成為協助者，再參與相關產品或地方特產的開發，發展出振興地方的策略，這將在第五章〈實用的點子也分享給大家！〉介紹。我們的首要目標，還是希望參與者們藉著能夠輕鬆參加的手繪地圖工作坊，重新發現自己所在地方的魅力，獲得製作地圖的成就感與貢獻感，領略地方活動的趣味性。

雖然具備鄉土愛，卻不知道該如何為地方帶來貢獻，一旦舉手站出來，是否就得背負沉重的責任與負擔？製作手繪地圖不需要擔心這些事情！工作坊能讓參與者發現符合自己能力的創意，產生「自己也做得到！」、「自己也想試試看！」的想法與信心，只要夥伴之間齊心協力，也不用擔心重擔都落在一個人身上，或是點子都依賴一個人去想。更重要的是，在工作坊中能夠建立居民彼此見得到面的關係，為日後的活動奠定基礎。

我希望手繪地圖能夠帶來貢獻，讓每個地方都能以彼此的「不同」為傲，使互相包容的文化變成理所當然。希望本書能讓大家重新發現自己居住地方的魅力，並且成為讓外地人也可以得知這些魅力的契機。

二〇一九年六月吉日

手繪地圖推動委員會　川村行治、赤津直紀、跡部徹、大內征

註 本書中的地名、人名、所屬單位等，全部都以採訪及工作坊舉辦的時間點為準。

目錄

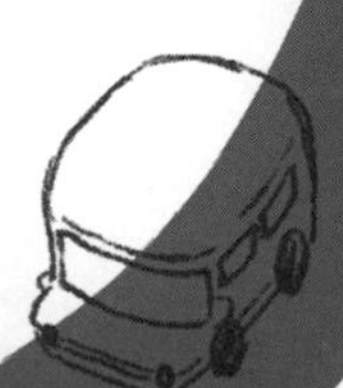

序章

不可能有毫無特色的鄉鎮！

手繪地圖工作坊的緣起

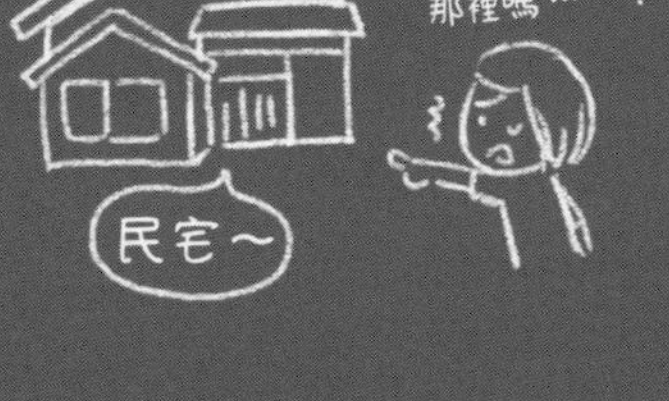
其實是名店
咦，那裡嗎……？
民宅～

CASE STUDY

立科小道消息MAP（長野縣立科町）

充滿居民的「偏愛」觀點！手繪地圖的魅力所在

一到夏天，就有許多螢火蟲閃著光芒翩翩飛舞的景點；居民每到春天，就悄悄期待著去賞花的秘密櫻花隧道；從當地小學生的上學必經之路，俯瞰整座小鎮的觀景點……，請翻到本書第九十至九十一頁，如大家所見這張由圖畫紙製作的地圖，完全有別於旅客服務中心拿到的地方觀光地圖，滿滿都是居民視角的「在地推薦偏愛資訊」。各式對話框內寫滿了各種不同的筆跡、插圖，有著專業繪者畫不出的韻味，讓人忍不住會心一笑。不禁讓人感受到一種製作地圖的人畫得很開心，光看就心情雀躍。

這是我們手繪地圖推動委員會在長野縣立科町的工作坊中，與參加者們一起製作的手繪地圖。現在雖然透過網路與手機，就能取得許多方便的地圖APP，但這份地圖中，卻充滿了許多電視、雜誌與報紙絕對不會介紹的，只有當地人才知道的「偏愛觀點」。

像第九十至九十一頁的圖畫紙，經過我們手繪地圖推動委員會成員中的地圖創作家的加工潤飾，就變成第九十二至九十三頁這樣的感覺——經過整理後的圖面變得乾淨好讀，但是質樸的觀點、大家寫下的重點與意見

都原封不動地呈現，並且珍而重之地將大家一起參與工作坊的愉快氣氛，添加到地圖中保留下來。

雖然圖畫紙本身也有著無與倫比的深厚韻味，但與專家通力合作，增添了易看易讀的優點，更容易發給各式各樣的觀光造訪者，成為引以為傲的「地方特色」。像這樣的手繪地圖是如何誕生的呢？我們將在序章介紹其全貌。

事前準備 ❶ 建立營運團隊

第一次的統籌製作！與長野縣立科町的緣分

我們手繪地圖推動委員會在過去，雖然曾協助地方單位舉辦單次性的工作坊，但藉由這次的立科町活動，才第一次整理出一套完整的方法。

我們與立科町的緣分，始於二〇一五年的春天，當時我們接受了FM廣播節目的訪談。雖然節目時間有限，依然讓我們的其中三名委員，熱烈暢談手繪地圖的趣味與效果。「我們的活動終於透過FM電波放送出去了！」心中充滿如此感激，如果大家願意聽就好了！總之舉杯慶祝。

結果就在隔天，聽到這個節目的長野縣青木村免費刊物《平成青木時報》總編輯山浦和德先生找上我們，讓我們得以在一年後的二〇一六年三月，在當地舉辦工作坊。而服務於青木村旁邊的立科町公所熱血職員芝間雅先生，也（隱瞞當時服務的單位！）前來參加，甚至隨後提出邀請「請務必也來我們町上舉辦活動」。

值得紀念的第一次會議。大內、川村研究員志氣昂揚地前往，但……（長野縣立科町公所·二〇一六年六月）。

田野調查的外景組（二〇一六年八月出巡）。

於是，也因為芝間先生對手繪地圖與地方的熱情，我們參與了當地人以手繪地圖表現整座城市的「手繪地圖創作工作坊」——活動正式名稱是「地方創生加速化交付金事業　立科全體驗事業」。我們在一年內舉辦四次、每個區域各舉辦兩天的手繪地圖工作坊，其中分成四個場次：主題設定座談會、田野調查、地圖製作、發表與總評。接著又花了一年的時間，校正與調整大家一起製作的手繪地圖中，所刊登的各景點相關資訊，並翻譯成中文與英文等外語，再經過校稿、排版、設計等作業，最後製成了手冊。

製作期間長達一年，我們在四季變換間多次前往長野縣立科町，透過這裡的自然、史蹟、街景、歷史，以及與居民的邂逅，感受各式各樣活動與心情，將這些都透過手繪地圖表現出來。這雖然是個自賣自誇的計畫……但現在回想起來，我與大內研究員兩人第一次前往立科町公所開會時的初次見面，就被給了一個下馬威。

觀光地圖夠多了，這有什麼不一樣呢

我們與發起這項計畫的公所熱血職員芝間先生，從幾個月前開始就已經在東京都內開了好幾次會。初夏陽光漸烈、日影漸濃的六月某一天，我們滿懷自信驅車前往立科町，準備與立科町教育委員會成員開第一次的合作會議。我們在公所附近的蕎麥麵店用餐後，接著在公所前拍了照片，然後才志氣昂揚地走進教育委員會的會議室裡。

這時大家都已經到了，我們立刻開始發言。儘管大致介紹了過去的活動，還說明了這次工作坊的主旨，但會議主席宮坂晃教育長卻交叉雙臂、一臉不悅地閉著眼睛……咦？我們該不會說了什麼不該說的話吧？

交叉著雙臂的教育長以嚴厲的語調不客氣地說道：「現在這些說明、介紹鎮上觀光景點的手冊已經夠多了，為什麼還要做新的？到底要做給誰看？」芝、芝間先生，你、你完全沒有談好啊！我與手繪地圖推動委員會的大內研究員，兩人面面相覷。

雖然覺得像是被突然打了一巴掌，但他說的話確

某次教育委員會的事前會議，宮坂教育長與芝間先生、大內、赤津研究員，拍攝於立科町公所（二〇一六年八月初旬）。

實沒錯。於是我們重新整理心情，再次針對「為什麼要製作手繪地圖（本書在之後也將會提到好幾次）」進行說明，說到汗流浹背、口乾舌燥的程度呢。我們也介紹了當初設想的應用情境——將地圖發給觀光客（後來經過討論，將製作方針更改為以造訪立科町、體驗農家民宿的大批學生為主要對象）。

「總而言之終於有了共識，真是太好了……」我們走出公所時鬆了一口氣，但情緒也逐漸湧了上來，「為什麼初次見面說話就那麼不客氣！以前不是已經討論很多次了，他難道都不知道嗎？」我們兩人都有點悶悶的感覺。在回程的車上也擔心著，「我們明明拚命解釋手繪地圖的魅力，以及由當地人製作的必要性，他們都沒聽懂嗎？還是因為我們是外地來的人……」等等，想當初踏入會議室前的氣勢也煙消雲散。隨著時間過去，我們變得更加擔心，心情也焦慮了起來。

但的確沒錯。不管哪個鄉鎮與地區，都有堆積如山的導覽地圖與手冊，而且我們的觀光手冊，還是特地耗費比平常更多的工夫與時間（當然還有金錢）所製作出的手繪地圖。只不過，我們不是要製作地圖的插圖，而是透過手繪這個方式確立「以在地人為主體重新發現地方的魅力」，或者也可以說製作過程才是這一切的目標，「地圖」這個形式頂多只是我們應用的方法。不只「地圖」這個實體成果，為過程賦予的意義也同樣重要。所以我們才會在第一次開會時，再次被教育長問到製作地圖的「目的」。

但我們在日後的相處中，完全迷上了宮坂教育長珍惜故鄉立科町的魅力人格。他陪我們進行事前取材時，只要發現在地的野生昆蟲與植物，一定會請我們稍等，接著拍下照片，認真製成研究用的檔案。在工作坊的開幕致詞中，他也以這些一一歸檔的照片為中心，相當愉快且驕傲地為大家介紹立科地區的野生動植物。

此外，在下一次的工作坊中，他也笑著說：「如果大人想對孩子誇耀故鄉，首先自己必須充分了解故鄉的事情、理解故鄉的魅力，否則立科的孩子也不會懂這裡的好，更不可能把這裡的好傳達出去。所以我們就率先透過這個工作坊，發掘立科的魅力吧！」我們看到他與參加者湊在一起看地圖的樣子，突然覺得很感動——「他真的很愛故鄉，也很清楚我們的意圖，甚至還親自帶頭參加呢。」接著他又露出了燦爛的笑容。什麼嘛，原來是個傲嬌啊！

事前準備❷ 現場調查

事前準備是靈感的寶庫！從單純的疑問中誕生的分區企劃

好不容易在初次會議取得許可後，公所的職員與我們的手繪地圖推動委員會，為了設計立科町工作坊的整體流程，花了兩天的時間與外景組在現場開會，畢竟我們也必須對立科町有一定程度的理解。

首先向他們請教立科町的特徵，例如像是，灌溉用水路貫通市區地形、周遭的自然環境以及相關史實、古今產業與觀光狀況等等。我們根據說明的結果，將立科町大致分成北部（農業區的茂田井、立科南部、立科東部西部）與南部（觀光區的白樺高原），接著再細分為四個區域，依照各個區域的特性製作地圖（可以翻到第九十三頁看看唷）。

白樺高原是個觀光區，有女神湖、琴科山等自然景觀，也有牧場、滑雪場等休閒設施，因此也建造民宿、飯店與餐廳。茂田井與立科南部則是中山道（歷史上連結東京和京都的重要道路）所通過的驛站宿場町，擁有歷史悠久並保留至今的街景，以及日本酒的釀造相當聞名，也有很多神社佛閣等古蹟。至於主要位在立科東部西部的農業區，生產各種豐富的農產品，像是稻架掛米，以及秋映、信濃甜、信濃金到最具代表性的富士等各品種蘋果，酪農與畜產也很有名。

大致聽完基本訊息後，我們針對感興趣的部分不斷提出疑問。不只那些觀光手冊上就有的官方資訊，還有小道消息與有趣的古老傳說等，這些耐人尋味的話題，就從輕鬆的閒聊中不斷出現。

如果是在農業區，就能聽到人脈廣闊的農家之間特有的話題，像是「某家種的米很好吃，因為他們做事很仔細」。或者是，立科町內學校的營養午餐，竟然就是吃當地生產出的稻米——「唔，我們從出生就吃這裡的米，事到如今也說不出有什麼特別啊。」公所的職員這麼向我們訴說著令人聽起來羨慕的煩惱，完全體現了「你的日常，就是某個人的非日常」這個特質。於是我們開口問道：「米的滋味也會隨著田地與農家而改變嗎？」職員回答：「當然啊，不同地點的日照時間與土質都不一樣。」立科町擁有日本數一數二的日照量，但日照還是會因場所而不同。最後討論變得非常熱烈，大家半開玩笑地爭辯著——「那家做事仔細，種的米比較好吃」、「我覺得這家比較好」、「那家的不行！」、「不不，這家也不錯啊」。

於是，我們為了解當地，除了實際走訪之外，也在工作坊的午餐時間舉辦「在地生產者品米會（類似品酒會）」活動，讓大家實際品嘗比較。這個點子是為了讓大家透過愉快的品嘗活動，對平常理所當然吃進嘴裡的在地米飯，重新進行思考。了解當地、品味當地的體驗企劃，就這樣從無心之中誕生。這也是再發現、再定義的體驗。從此以後，我們在每次工作坊的午餐時間都會舉辦品米會呢。

事前準備③ 擬定工作坊的企劃

農業區與觀光區，各不相同的步調是魅力

我們也事先訪問了觀光區的居民。這裡與農業區不同，需要迎接許多來自縣外的觀光客。為了避免妨礙他們做生意，我們會在工作坊或田野調查的採訪之前，先告知他們企劃的意圖，取得他們的理解。透過事前的討論，得知許多當地獨有的話題，比如說，像是在當地出沒的野生動物與昆蟲、各種野生植物、看起來就像從夜空中落下的繁星、各個季節最棒的觀景點、女神湖與立科山脈的古老傳說等等。很多話題我們都想在地圖上介紹，當地居民也爽快地答應參加工作坊。

我們透過訪問發現，從事農業的人與從事觀光業的人，感受四季與時間循環的方式及文化各不相同。舉例來說，農家在播種到收成的一整年循環中，慎

工作坊舉辦「品米會」的樣子。工作坊結束之後飢腸轆轆，就用在地的米飽餐一頓。

在熱血職員芝間先生與其他職員的奔走下，急遽實現的衍生企劃「品米會」。

重面對自然界的土地與氣候，「培育、栽種」稻米與蘋果等當地特色農產品。至於從事觀光業的人，則立基於這塊土地的自然，接納從不同地方來訪、其他文化背景的旅客，在一次次的接待中與有緣的人建立關係，「翻譯、傳達」當地魅力。兩者對大自然與在地魅力的理解也各不相同。一座城市正因為有各種不同的營生方式，才能形成多層次的魅力。將這些魅力充分傳達出去，這也是與來自各界的人士一起製作手繪地圖的意義。我們主辦單位在當地經過多次的討論與採訪，也回到東京重新調整企劃與執行方法。

活動當天❶　第一天：寫出當地人才知道的故事

重新面對「我們這座城市」的時間

時間終於來到工作坊當天。活動從早上十點開始，芝間先生先向參加者說明企劃的用意，接著是教育長的一段開幕致詞，然後由我們介紹這次活動，說明在本次工作坊中，透過在地觀點製作地圖的過程。

參加者先分成三組，並決定各自的主題。大家看著立科的地圖，開始討論各自感興趣的地方小道消息與魅力，從無關緊要的小事，聊到「說起來啊，

手繪地圖推動委員會的成員認真企劃中！

觀光區的民宿經營者在事前訪問中也爽快提供協助，告訴我們這個地區的魅力（二〇一六年八月初）。

在中山道的採訪，讓人回想起從江戶時代就在此地往來的眾多旅人。

立科的秋日光景。稻架掛米在太陽底下乾燥，等待收成。

曾經發生過這樣的事情呢」、「年輕的時候，曾經聽鎮上的長輩說過那樣的事情」等，討論逐漸步上軌道。參加者接著將這些小道消息與趣味要點，寫在便利貼上並貼在立科町地圖的各個地方，不久之後就逐漸貼滿。各個地區的主題就這樣勉勉強強整理出來，第一天就此解散，隔天是實地田野調查。

我們在參加者回去之後，與職員擬定隔天各小組進行田野調查的大致路線，以及需要開車的輔助行程。

活動當天❷ 第二天：小道消息搜集採訪、地圖製作到發表

盡情享受田野調查的訣竅

第二天從早上開始進行田野調查，我們請參加者穿著輕便好走的服裝前來集合。這天的天氣也很好，應該會是愉快的採訪吧！雖然是事先決定好行程，但實地去走訪還是會有許多偶然的發現。我們將這些新發現拍下來，沿途訪問店家、神社與寺廟。部分地區沒辦法只靠徒步走遍，所以也會適當地開車移動。職員之間也合作無間，活動順利進行。

田野調查結束之後，我們帶著豐富的採訪成果回到會場，大家都已經飢腸

轆轆。午餐依照慣例是「品米會」，大家跨越年齡隔閡，氣氛熱烈地品嘗美味餐點。

決戰最後十分鐘！

到了下午，終於要開始製作手繪地圖。大家一邊品嘗居民送來慰勞的立科產美味蘋果，一邊討論製作地圖。即使是一開始推辭著說「我不太會畫畫」的人，也會越畫越順手。參加者將之前熱烈討論的話題、田野調查中看到的事情，以及全新的發現等資訊，不斷地寫在圖畫紙上。他們邊複習採訪時拍下的照片，一邊說著「對了，還有這個」，一邊寫下紀錄。

各組剛開始對於田野調查的發現，還有比較多需要確認的地方要討論，但隨著時間經過，大家逐漸埋頭苦寫，不久之後只剩下筆的聲音，專注力真是驚人。當我們提醒大家「差不多該結束」的時候，眾人都發出了不滿的抱怨、甚至還能聽到熟悉的「再給我十分鐘！」的哀號遍野～。

工作坊大獲成功！不論男女老幼，大家都露出滿足的表情。「本地平凡無奇」就在這一瞬間，轉變成「本地充滿魅力」！

在發表會中品味大家發現的小鎮魅力

工作坊完成了茂田井、立科南部、立科東部西部、白樺高原，這四個區域的地圖，本地獨有的各種趣味

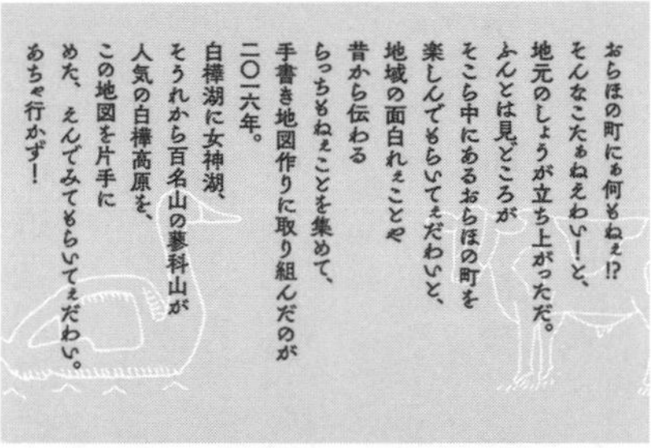

在第九十三頁的四份地圖，封面都寫著企劃的內容，將想法傳達給閱讀這份觀光手冊的讀者。如果前來觀光的旅客或是參與農業體驗的學生，拿著這份地圖走在路上，當地人一定會笑著找他們搭話說：「這可是我們做的！」

活動結束之後，發表的地圖也繼續貼在會場一陣子。

傳聞與故事，就藉由這次的活動畫進地圖裡。（翻到第九十三頁，一起看看吧！）

精彩的手繪地圖，在開朗又充滿鄉土愛的職員熱情協助下，透過許多在工作中抽出空檔參加的當地居民之手，以及採訪對象的協助而完成。大家在發表時，都愉快又驕傲地向我們介紹當地事蹟。

例如說，很久很久以前，為乾枯貧瘠的土地開拓水路，建立現在豐饒耕地基礎的立科英雄——六川長三郎先生的故事；至今仍保留許多歷史悠久的古道，像是古裝電影外景地街景的中山道與笠取埡口松林道、散在各地的釀酒廠、信玄棒道與古東山道等；小學生在上學路上可以看見蘋果販賣機點（位於視野良好的小丘）；狀似日本傳統糕點大型鏡餅的巨石、雨境埡口祭祀遺跡群的鳴石等能量景點，或者是女神湖畔留下「河童手指相撲石」等傳說的景點。還有像是美味的霜淇淋店、蓼科山上全日本景致最美的廁所等等，這樣的趣味故事多到寫不完，充滿了立科的各種魅力。

參加者都面帶笑容，邊聽各組的發表邊點頭。大家都說在這次的活動中重新發現了地方的魅力，委員會們的成員也充滿感激。

「立科小道消息 MAP」隆重完成！所有過程都是寶物

接著由我們手繪地圖推動委員會與當地教育委員會，重新整理大家寫在圖畫紙上四個區域手繪地圖的資訊，再交由專業的手繪地圖創作家江村康子研究員設計並繪製插畫，交付排版與製作。這時甚至還製作了中文（正體、簡體）與英文等各語言的翻譯版本。

於是「立科小道消息 MAP」就在工作坊結束的一年之後隆重完成！這是一份能夠發給來訪旅客的秘密武器。他們也重新利用這份手繪地圖的內容，製作資料夾與環保袋等周邊商品。

後來我們拜訪了街角交流會館、旅客服務中心與立科町周邊的商店等會發放地圖的地點，得到的評價都說非常好，也讓我們更加開心。越來越多人將這份地圖拿在手上，希望最開心的會是工作坊的參加者。嗯，肯定是如此吧！大家如果有機會來立科，也請務必拿起這份地圖看看喔！

第1章
手繪地圖的魅力在哪裡？

運用「外來者的觀點」回看地方

我們在序章中透過立科町的案例，介紹了手繪地圖的有趣之處，以及製作地圖的工作坊實際上又是如何進行。大家想必都已經了解地方製作手繪地圖的優點。在另一方面，手繪地圖當然得拿在手上才能發揮效力。而對觀看的人（或讀的人？）來說，手繪地圖也具有改變想法與行動的力量，使他們渴望更進一步了解這塊土地。

手繪地圖成為傳達土地魅力、改變使用者想法的工具，彷彿就像是請住在當地的朋友為自己介紹城市的虛擬體驗。即使是初次造訪的小鎮，只要請當地朋友帶自己到處玩，告訴自己一些包含趣味軼聞的故事，就能成為一趟難忘的旅程。

「由在地人帶路的旅程」的趣味之處

我們發起手繪地圖推動委員會的契機，也是源自於一趟前往山形縣天童市的訪友之旅。朋友帶我們參觀他在當地企業工作的製造現場，聽那裡的職人介紹。接著再帶我們去「保證好吃！」的美味糰子店。他在西點店前面告訴我們：「這家店研發的點心『香蕉船』，就是山崎麵包『整條香蕉蛋糕捲』的原型喔。」晚上則在當地的餐廳品嘗山菜天婦羅、在地釀酒以及家庭料理鯖魚納豆烏龍麵。他邊吃邊告訴我們：「每個家庭使用的佐料、納豆、鯖魚、雞蛋等食材都不一樣。」接著再帶我們去續攤，造訪特別講究在地美食「冷湯雞肉麵」的居酒屋，我們聽著當地老闆們愉快開發這道料理的軼事，隔天甚至還被介紹給開發者認識……朋友將我們照顧得無微不至呢！

我們還經歷了許多幾乎寫不完的趣味故事及體驗。日後回想起來，所有覺得好玩的事情，都運用了當地的環境與資源，和能夠看見特定人物的面孔。如果來天童市的時候，沒有這位朋友的帶路，這座城市看起來還會這麼有趣嗎？哎呀，如果能讓更多人知道如此豐富的地方資源與故事就好了。這位朋友發給來訪旅客的媒介，就是手繪地圖。

因為經歷了這趟天童之旅，看到朋友發送的手繪地圖，我們才決定「如果其他地方也有能夠有帶來如此豐富體驗的地圖，那就去找找看吧」，並發起了「手繪地圖推動委員會」，最初的活動內容也只是尋找各地的手繪地圖，而不是舉辦工作坊。

「在地交流通行證」藉由手繪地圖與當地人進行溝通

朋友為我介紹陌生的地方時，最開心的事情就是遇到認識朋友的人來找我搭話。與當地人的交流就從「你是某某人的朋友嗎？」，或者「你從哪裡來？」之類的招呼語開始。

後來我發現這也是手繪地圖的效力。在各地尋找手繪地圖時，如果拿著某份手繪地圖在街上走，就經常會有人問我「你是在看某某人畫的地圖嗎？」這麼看來，在各地製作、發送手繪地圖的人，多半是人脈廣闊或是地方要角。我拜訪這塊土地是因為對這裡感興趣，所以也會問當地人許多事情。而對當地人而言，「某某人的地圖」在這個時候，似乎變成一種說明自己不是外來敵人的「通行證（身分證明）」，更容易被當地人接受。

寫在手繪地圖上的小道消息與故事，也能成為展開對話的契機，和店家或遇到的當地人閒聊起這些事情，他們也會很開心。這或許就和出國的時候，只要懂一句當地的語言，對方就不會對你反感是同樣的道理。

手繪地圖就是要「滿滿的偏愛」！創作者的熱情比正確性更重要

接下來要介紹我們找到的三份有趣的手繪地圖。在各地搜集手繪地圖時，發現有趣的手繪地圖都有一個共通點，那就是創作者的熱情溢於紙外。

第一份要介紹的是「都幾川食品具 Shopping MAP」。從這份地圖可以看到，創作者希望傳達給來訪者並也體驗到，自己從這塊土地上感受到魅力的坦率心意。

第二份是「下諏訪大地潛土之旅地圖」。這是一份充滿浪漫的地圖，可以邊走邊想像這塊土地在古代時的樣貌。

第三份則是「佐原小鎮漫步地圖」。這份地圖基於希望來訪者能夠透過不同主題，了解佐原在江戶時代號稱「更勝江戶」的魅力製作。

創作者不是在手繪地圖上刊載全面的資訊，而是因為根據偏心的觀點與偏愛挑選出的內容，更顯得有趣味，之所以有趣就在於熱情創作者的語言說服力，以及了解趣味之處的人才會發現這些偏愛觀點的深度。手繪地圖能夠打動人心的最主要原因，或許就在於這份偏愛力。

出色的手繪地圖 其①

都幾川食品具 Shopping MAP（埼玉縣都幾川町）

血拼地圖上充滿來自當地居民饒富趣味的小筆記

首先請仔細看第三十四頁至三十五頁的手繪地圖。

這是在某個契機下取得的埼玉縣都幾川町手繪地圖——「都幾川食品具 Shopping MAP」。說起來不太好意思，其實在拿到這份地圖的時候，甚至連埼玉有「都幾川町」這座小鎮都不知道。

然而，第一次看到這份地圖時的感動，至今依然忘不掉。我一眼就愛上這份地圖，同時也覺得有點嫉妒，原來有人製作出這麼厲害的地圖啊！我們認為這是一份迷人的手繪地圖，任何喜歡地圖的人都會對這份地圖一見鍾情。

這份地圖與平常看慣的數位地圖、觀光地圖明顯不同，生動的手繪質感最是迷人。製圖者透過獨特的筆觸，將對土地與人的溫暖觀點，以及對道路與自然滿溢而出的熱愛，全方面毫無保留地展現在地圖上，光看就能讓人心情雀躍。

創作者一定會在店家與景點旁邊，附上一句饒富趣味的說明，因此資訊量之多，可不是在開玩笑的。地圖上滿滿都是觀光地圖所沒有的小眾景點、當地人才寫得出來的話，地方或個人色彩濃厚的小故事，彷彿就像一份讀物，帶給人尋寶般的感受。「跟市面上充斥的觀光資訊地圖明顯不同，這份憑著創作者熱情完成的手繪地圖，到底有什麼迷人之處呢？」、「循著這份地圖漫步於當地，是否就能體驗創作者感受到的土地魅力呢？」這麼想的我們，決定親自拿著這份地圖去鎮上逛逛，解開地圖的秘密。

在人口一萬人的小鎮，一年發行超過十萬份的觀光手繪地圖！

從日本知名三大「烤雞肉串之都」埼玉縣東松山，下交流道後一路往西走，車窗外的景觀逐漸變成遠山綿延環繞的「日本田園」風光，氣氛極度悠閒，完全就是日本的原始風景。這裡直到不久之前，都還是「都幾川村」，在二〇〇六年與玉川村合併之後成了「都幾川町」。在小鎮上漫步，偶爾還能發現「都幾川村」的痕跡。

這份地圖一年竟然發行了八萬份（這是二〇一三年採訪時的資料，現在的發送已經多達十萬份！），不過當然是免費發送。這麼說有點不太禮貌，但這份地圖只是一張「影印紙」而已。就算是和費時費工製作的免費刊物或雜誌相比，這樣的發行數量依然多到難以想像。在都幾川町這種只是個人口稀少、約一萬多人的小鎮，這份地圖簡直可說是當地最強大的媒體。

都幾川以前是個「村」。

註 Shopping 在日文發音同『食品具』三字

Mr.マップのお知らせデス

…3出てくる踏の塔
…里に春がくる。(右上)
…大福寺にお参りされては。
…フェスティバルが 2つ!(裏面)
…車でサイクリング。コンサートを
…温泉に入って、買物して。
…沢山でも ゆ〜ったり

JAFロードサービス 048(840)0111

● 町役場です。道案内にご利用下さい。トイレもどうぞ。

トイレが利用できますが ひとこと声をかけて下さい。

「ときのこ」公式ブログサイトURL
http://tokimeki 2010.jugem.jp/

この地図のお問い合せは…… ● 年間8万部発行 ときがわの小物屋さん

配布店スタンプ

「都幾川食品具 Shopping MAP」，寫滿創作者熱情說明的最棒手繪地圖！

鎮上各個角落的店家，幾乎都一定擺著這份手繪地圖。當地人也會消費的日用品販賣商店不用說，客群以外地觀光客「購物」為主的某類型店家也沒漏掉。地圖的標題「都幾川食品具Shopping MAP」，不也莫名地讓人心情愉快嗎？不同於觀光手冊之類刊物，這份地圖有著非常柔性的氛圍。

人的「回憶」與「故事」，比場所名稱更能成為一探究近的動機

去到位於小鎮東邊、地圖上寫著「造形優美的埼玉最古老拱橋」的地方，就能看見水質清澈到難以言喻的都幾川。如果是普通的地圖，恐怕只會寫出橋的名稱吧？然而在這份手繪地圖中，附在名稱旁邊的「一句話」更為醒目。地圖創作者以自己的語言，將想到的事物、感受到的情緒原封不動寫下來，這可說是勾起人們對這個場所感興趣的重點。

說得更誇張一點，橋的名稱只是次要，相較之下，知道「這是一座什麼樣的橋」、「這座橋有什麼故事」，更能刺激人們的好奇心。這點相當符合我們手繪地圖推動委員會重視的價值。換句話說，將「個人的回憶與土地的記憶化為視覺」，正是手繪地圖的優點。聽到「造形優美的埼玉最古老拱橋」，絕對遠比單純聽到「拱橋」這樣的名稱，更能讓人興起想去看看、一探究竟的動力。

在埼玉最古老的拱橋，可以遇見清澈的都幾川溪流。

超美味甜甜圈，賣得飛快！

「主角是使用地圖的人」，發現地圖上沒有記錄到的小驚喜也令人開心

再從「人市」路口朝著西邊前進，立刻就能看到這個地方最受歡迎的伴手禮店。地圖上寫著這樣一句話：「渡邊豆腐工房：豆腐使用本地大豆全手工製作，真的很美味唷。」我受到這句質樸的評論吸引，走進店裡一看，超人氣的豆腐賣得飛快。除了買伴手禮的人之外，當地人似乎也會來消費。如果地圖上只寫著「渡邊豆腐工房」，我或許就不會走進來了。我稍微觀察一下，除了豆渣甜甜圈外，豆漿似乎也極受歡迎，我忍不住也被吸引著掏錢購買。

就在我現場品嘗美味的甜甜圈時，發現有好幾個人竟然是提著水桶走進店裡，一個接著一個汲水提回家。我心想：「這是怎麼一回事呢？」原來店裡湧出的地下水可以免費外帶，所以人們會來這裡汲水帶回去。水質甘美，豆腐當然也就美味。這裡有免費、好喝的天然水一定逐漸傳遍鎮外，「那麼豆腐也一定好吃」的好評，必定也會擴散產生更多好評。

地圖創作者附上的一句話，只有描述店家原本的魅力：「渡邊豆腐工房：豆腐使用本地大豆全手工製作，真的很美味唷。」至於免費地下水、豆渣甜甜圈都沒有寫在這份地圖上，這些小事除非親自前往，否則不可能知道，確實為

安閒之家。真的是個放鬆優閒的空間。古民家最棒了！

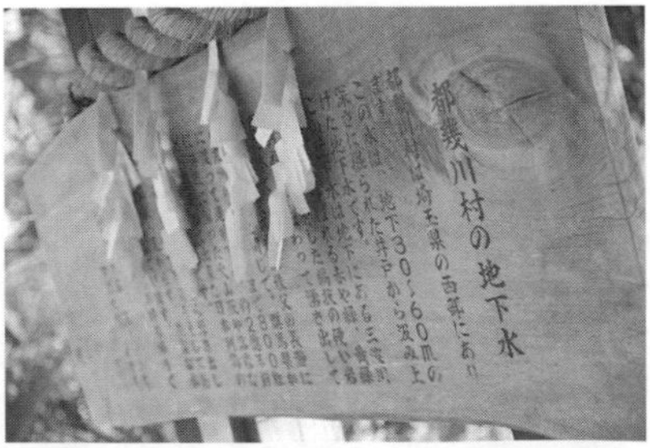

美味的地下水，來汲水的人絡繹不絕。如果在我家附近，我也一定會每天去汲水……

建具會館其實非常有趣。展示了生活工具、門板，還有謎樣的零件……

拿著地圖造訪的人保留了樂趣。這樣的貼心也讓人心生好感——雖然這只是我一廂情願的想法（笑）。

附帶一提，這家店裡也放著「都幾川食品具 Shopping MAP」。

激發對話的手繪地圖，或許是鎮上最強的媒體!?

接下來一口氣將視線移到地圖的中心一帶，建具會館附近有「古民家烏龍麵　安閒之家」與「排隊美食　黑蕎麥麵都幾庵」。這時已經飢腸轆轆，雖然對黑蕎麥麵感興趣，卻又難以割捨古民家的氣氛，最後決定走進「安閒之家」。

這是將百年以上的古民家移建過來，打造成農山村體驗的交流設施，由當地歐巴桑們施展廚藝製作的武藏野烏龍麵，非常美味，有特地來此一嘗的價值。當然，這家店裡也擺著「都幾川食品具 Shopping MAP」，正在吸著烏龍麵的客人們幾乎人手一份，此景象讓我相當驚訝。

銀髮夫婦一邊仔細研究地圖，一邊討論「老伴，接下來要去哪裡呢？」；至於有小小孩的家庭，能聽到孩子說「咦，地圖上說可以看見晴空塔！我想去！」等等。有深入研究的餘地，也能成為討論的契機，變成聊天題材，這也是手繪地圖的優點吧！

附帶一提，都幾川町的名產是「建具（日式門窗等可動隔板）」，擁有琦玉縣第一的生產量，尤其「建具會館」展示、販賣著各種家具以及加工的謎樣零件，光是參觀也很有趣。大家可能聽膩了，但會館裡同樣放了手繪地圖。真是太令人佩服。

我就像這樣，邊「讀」著手繪地圖，邊在鎮上到處拜訪，回過神來，已經到了夕陽西下時分。這份地圖的內容太濃縮又太有趣，逛了一天還逛不到地圖的一半（笑）。回程的時候甚至萌生「下次再來吧！下回要去哪裡呢？」的想法，真是不可思議。像這樣的手繪地圖，應該不容易見得到吧？

「不完美」也OK！打破地圖應該美觀正確的成見

我開著車，在距離大約七公里左右的範圍內移動。下車步行的地方當然也不少。對照著地圖在鎮上遊覽，大約花了八小時左右吧？看地圖會以為大概二至三小時就能逛完，實際上就算花了半天的時間，也只能去到地圖上極少部分的地方。

這種「無法預測的感覺」，正是手繪地圖的有趣之處。這是一種超乎想像、違背期待的尺度感（笑）。畢竟看地圖以為「很快就能到」的地方，實際上可能要開三十分鐘的車。

生活在現代社會的我們，前往目的地時，已經習慣走正確的路徑，以最短的距離移動。如果行動不如預

「都幾川小物屋」，對面的山谷與小河風光太過明媚！

期，或許會感受到些微的壓力，或者也會減少興致。所以正確性不用說，我們也希望在地圖上追求資訊的詳盡性與公平性，但造成的結果卻是如果無法以最短距離移動，甚至會心生不滿。我發覺人們想在地圖上追求所謂的「正確答案」，汽車導航就是最好的例子，因為導航會建議我們最短的距離以及最有效率的路徑。

但是，如果只顧著看向目的地，就不可能發現腳邊飛逝而去的風情故事，或是乍看之下平凡但卻精彩的景點。其實有時候停下腳步回顧來時的道路、低頭望向腳邊，或是因為走錯路而來來回回，才能帶來新的發現。

我覺得就這層意義而言，手繪地圖就算「不完美」也無所謂。稍微缺乏距離感、方向、高低差等地形的正確性也OK。反之，手繪地圖甚至能夠自由表現「不明確的土地風情」或是「含糊的土地記憶」，顯露出土地原本的故事，充滿了視覺化的趣味。手繪地圖不需要精美的插畫與文字，重點在於表現出創作者獨一無二的觀

依照當事人的要求，以「肖像畫」形式登場（笑）

知名的冰滴咖啡。莫名懷念的滋味。

點。因為在愉快中製作的手繪地圖，就能為拿起這份地圖的我們帶來樂趣。

如何使用現在擁有的資源？都幾川手繪地圖的起源

製作「都幾川食品具Shopping MAP」的，到底是什麼樣的一號人物呢？我帶著興奮又緊張的心情，拜訪「都幾川小物屋」，老闆川崎敏雄滿臉笑容地將我迎入店裡。

自從我在二〇一二年夏天拿到「都幾川食品具Shopping MAP」，就對它一見鍾情，此後多次參考這份地圖，跟著上面吸引我的「一句話」，去了鎮上許多地方。我第一次拜訪創作者川崎先生的咖啡店時，點了有名的冰滴咖啡，喝起來是彷彿咖啡凍般令人懷念的滋味。有趣的是，咖啡杯上也貼著寫在手繪地圖上的一句話。這句話就像是熱愛大自然的川崎先生獨一無二的標語。

那已經是三十多年前的事情了，某趟前往秩父的旅程，成為川崎先生「通勤」都幾川的契機。那天，他結束秩父的旅行，在回程路上為了避開壅塞的國道，在穿過堂平山的埡口中途停車，深深地吸了一大口氣，而他深呼吸的地點，就是現在的店門口。他發現這裡的空氣清新，而另一方面，也發現生活在都市的自己，平常的呼吸有多麼地淺短。

「來觀光的人，大家都只顧著買東西。當然，對做生意的人來說，這是一件開心的事情。但我也希望大家可以稍微注意都幾川的大自然，還有鎮上有趣的人們。」

該如何運用現有的資源、可用的材料，才能傳達這座小鎮的魅力呢？他幾經思考得到的結果，就是「手繪地圖」，而且從十年前就開始製作了。當時只畫在 B5 左右的小紙片上，後來隨著資訊增加，變成了 A4 大小，最後又變成了 A3。現在甚至會隨著季節抽換資訊，一年當中會更新、影印好幾次，而這樣的地圖，就在不知不覺間成了都幾川町的特色。

川崎先生有一件總是放在心上的事情，那就是「不能背叛觀光客的期待」。他為了讓觀光客「還想再來！」，平常總是端正態度，盡量以自己的話語表現無法透過一般觀光地圖取得的「真實地方資訊」。川崎先生清楚知道，哪些事情比正確與效率更重要。

「來都幾川町的人幾乎都開車或騎車，但透過車窗只能看見極小部分的景色。我希望大家可以花點時間下車看看周圍，試著深呼吸，閉上眼睛側耳傾聽。你們看，這裡是不是有著不同於日常的風景呢？」

離開小物屋之後，我去了川崎先生所說的，適合「下車花點時間看看周圍」的場所。根據地圖，嵐山方向的郊山寫著「一間店也沒有的小倉山村，春天與秋天特別美麗，是整理得很好的聚落」。

此外，地圖上還寫著這樣一句話：「停下車來看看，腦袋可以放空喔！」

能夠像這樣自由書寫，也是手繪地圖的優點吧？我離開了夕陽西沉的都幾川町。

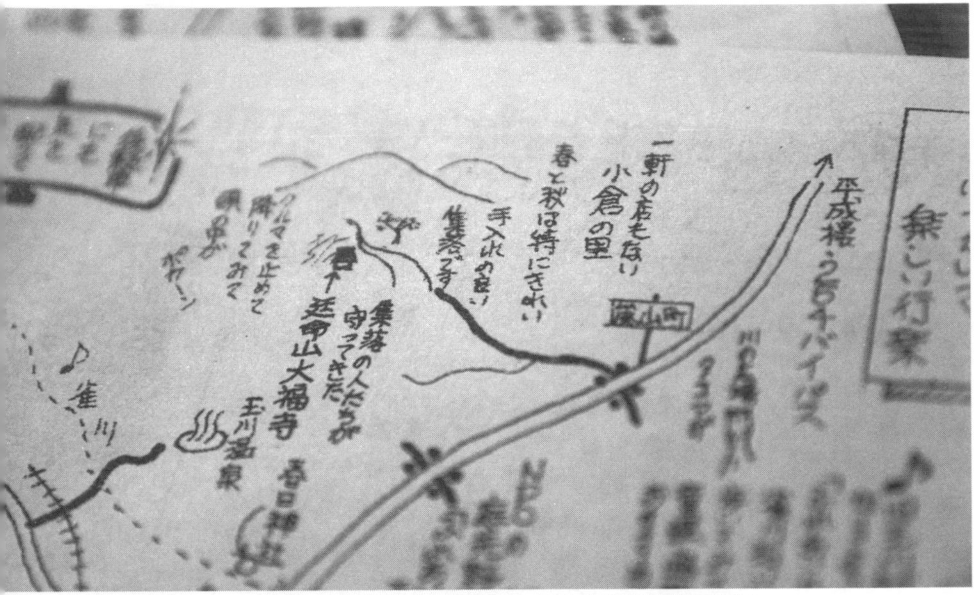

「大家一起放空」——地圖上寫滿川崎先生風格的標語。這也是手繪地圖的優點吧！

在地圖上「放空」的景點欣賞夕陽。

啊，對了對了，川崎先生後來怎麼了呢？聽說只有這份「都幾川」手繪地圖已經不能夠滿足他，所以他甚至還做了周邊區域的地圖。這可不能不拿。這麼一來，下次可得再去拜訪川崎先生才行！

出色的手繪地圖　其❷

下諏訪大地潛土之旅地圖（長野縣下諏訪町）

來自在地文化領域專精者的熱情

二〇一五年八月，我們手繪地圖推動委員會去到下諏訪。其實早在二〇一三年活動之初，就經常接到長野縣居民的邀請，其中下諏訪最早掌握我們的活動。與他們的緣分，就從他們在二〇一五年春天寄來自製手繪地圖開始。將地圖寄給我們的人，是住在長野縣諏訪地區的「散步家」降旗香代子女士。

她給我們的訊息中寫著：「我經常邊散步邊畫手繪地圖。前幾天發現手繪地圖推動委員會的網路頁面，非常開心地追蹤。我剛開始只是一個人邊走邊畫，結果看到的朋友建議我不妨畫畫看地方導覽手冊，於是我就開始負責地圖的製作，從去年到

（右）「諏訪其林　issue 3」諏訪居民搜集「諏訪愛不釋手！」的同好書（二〇一四年三月發行）。

（中）「下諏訪肉物語」尋找下諏訪町各種肉類美食的手冊（二〇一五年三月發行）。

（左）「諏訪泛靈論第２期」研究諏訪地方歷史與信仰的團體的期刊雜誌。根據二〇一四年四月進行的田野調查，製作詳細的地圖（二〇一五年四月發行）。

「諏訪泛靈論事務局」局長石埜先生（照片右），以及將地圖寄給我們的散步家降旗女士（照片左），開啟了這場緣分。

今年總共畫了三份地圖。」我們看了附在訊息裡的出色手繪地圖，覺得這非去不去拜訪不行，於是四名手繪地圖推進委員會的委員，就在二〇一五年八月一起驅車前往下諏訪。

由手繪地圖開啟的緣分，一行人在下諏訪的邂逅。

我們前往降旗女士指定、位於懷舊商店街中的咖啡店「Cafe Tac」與她會合。呼！好熱好熱！我們邊吃著本店知名的法式煎餅，喝著冰透的啤酒稍作休息，邊互相自我介紹。

接著就從繩文&諏訪信仰雜談開始話題。降旗女士參加的繩文文化與諏訪信仰研究會——「諏訪泛靈論事務局」局長石埜三千穗先生，也趕來店裡

前往諏訪途中，忍不住在休息站買甜點的四名歐吉桑。請原諒我們！

很仔細的手繪地圖。

從石埜先生口中聽到許多饒富趣味的故事。

降旗女士（照片左）與石埜先生（照片右），兩位都是很棒的人。

與我們會合。石埜先生以諏訪泛靈論的活動與研究為中心，舉辦下諏訪深度導覽。

附帶一提，這是我們手繪地圖推動委員會四名大叔最喜愛的領域。察覺到這點的石埜先生，立刻拿著地圖開始說明。這份地圖在二〇一四年五月製作，主題是「武居之鄉——大地潛土之旅」，這是給前來諏訪大社「下社秋宮」深度地方之旅所用的手繪地圖，也是由降旗女士繪製。

既然如此，外面的酷暑根本不算什麼！我們立刻朝著潛土之旅出發吧！我們喝完正午的啤酒，踏著踉蹌的腳步，在石埜先生與降旗女士的導覽之下，展開了「武居之鄉——大地潛土之旅」。

微不足道的場所，也會因為手繪地圖而突然擁有意義

我們邊移動，邊適時確認手繪地圖。除了諏訪大社之外，還有容易錯過的象徵性建築物與祠堂，像是豎立在各處用來象徵諏訪信仰的御柱、面對著諏訪湖並推測以前就存在的各條小徑、突然出現的古老石垣與石板路、來歷不凡的「言成地藏尊」，以及諏訪地方唯一保留至今的前方後圓墳「青塚古墳」。我們邊聽著關於這些景點的深度介紹，邊逛著下諏訪。大家都邊聽邊不斷發出「哇！」、「原來如此！」的讚嘆聲。這些平常散步時怎麼想都會視而不見的

景點，在這一瞬間突然閃耀著光芒。

接著來到武居惠比須神社。拜殿後方的神社由四根御柱守護。這四根柱子，就是諏訪信仰的象徵。諏訪大社的四間神社不用說，前面提到的青塚古墳神社，以及與本地信仰有關的許多神社，都豎立著這樣的御柱。石埜先生在武居祝神前，為我們說明本地的習俗。這份大地潛土之旅的手繪地圖，標題就是「武居之鄉」，現在我們都清楚知道，「武居」這個姓氏隱藏著下諏訪的浪漫，手繪地圖就根據這一項主題繪製而成。我們拿著這

在當地人的帶領之下，拿著專精喜愛領域的手繪地圖，來一場獨特的導覽之旅，委員會的成員都興致高昂。真是太有趣了！

隨時確認手繪地圖！這點很重要。

武居惠比須神社豎立著象徵諏訪信仰的御柱。

份地圖，在導覽之下參觀這塊土地，即便是第一次造訪，也能看見隨著時間流逝而浮現的立體故事，充分理解創作者想要傳達的重要訊息。

有些事情就是會忍不住寫出來！偏愛才是一切

整座小鎮都重視當地的歷史與文化，並由生活在當地的人以各種形式留下紀錄，手繪地圖便是其中一種形式。我想不管任何時代，都有懷著熱情的人，將這些有形無形的事物記錄下來。用自己喜歡的方式，記錄透過自己眼中所見的小鎮魅力，便能帶給來自外地的人們遊覽這片土地的樂趣，這次享受樂趣的正是我們這些手繪地圖推動委員會的成員。如果這種跟著「由鎮上各自擁有專精領域的人，灌注熱情製作的手繪地圖」的遊覽行程，能在日本各地更加盛行，日本也會一下子變得有趣起來吧！我們之所以能夠自信滿滿地在工作坊中告訴大家「偏愛才是一切！」就是因為在各個地方，看見許多日復一日、愉快又認真地從事地圖繪製的創作者笑容。

石埜先生每到一個區域，就熱情、仔細地告訴我們這裡的重點。

出色的手繪地圖 其③

佐原小鎮漫步地圖（千葉縣香取市佐原）

不要客氣地放大偏愛觀點吧！

最後介紹的是在佐原遇見的手繪地圖，千葉縣佐原市因為平成行政區域大合併而成了「香取市」。「佐原」這個名稱現在以町名保留下來，可能也有不少人知道，這裡就是江戶時代地圖測繪家伊能忠敬入贅的地方。我們手繪地圖推動委員會，當然不能錯過這個重要的「聖地」，以前就曾來過一場全員到齊的聖地巡禮。當時採訪的手繪地圖，讓我們留下深刻的印象。創作者對佐原非常熱愛，尤其讓人感受地圖趣味的傑出巧思，更是讓人欽佩不已。我們每次去各地演講，或是舉辦手繪地圖工作坊時，都一定會提到這個話題，在此也介紹給大家。

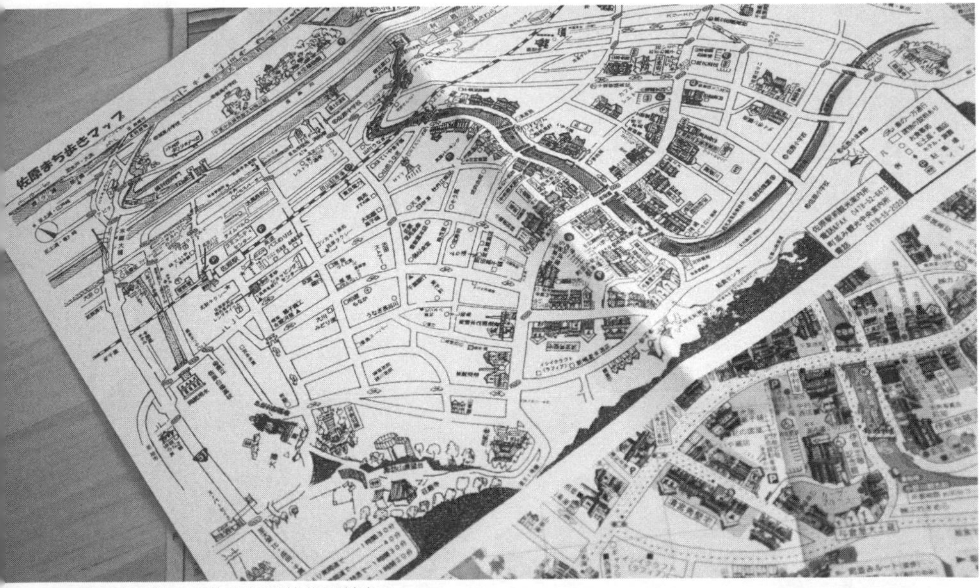

地圖上寫滿了創作者想到的佐原魅力！

想要強調的內容，就不要客氣地畫大一點、寫大一點！

地圖創作者越川悅子女士的採訪，幾乎成了佐原的歷史雜談。她用難以招架的熱情告訴我們，自古以來就被冠上「神宮」之名的香取神宮的存在、利根川與小野川在水運物流與文化交流上的重要性、必須流傳下去的珍貴建築物與祭典等，傾訴她藏不住、溢滿出來對佐原的愛。儘管她好幾次顧慮到我們，帶著歉意說「你們明明來採訪手繪地圖，我卻都在講歷史的事情，真是抱歉啊～」，但話題卻立刻又繞回了歷史「說到這個祭典啊⋯⋯」我們也非常喜愛歷史的話題，所以忍不住催促她繼續往下說。雖然一個不注意，採訪就在歷史雜談中結束，但從隻字片語當中，還是能獲得一些重要的關鍵字。

舉例來說，越川女士表示手繪地圖是創作者的自由創作，所以一切就看創作者「想要強調什麼」，所以她反覆強調製作地圖之前，一定要「先了解這個地方」的重要性，讓我們印象深刻，因為我們也是這麼想的！

「這麼一說，銀行與和服店等古老的建築物，或是歷史古蹟，就畫得特別大呢（真的很大，極端地大！（笑））」面對我們的吐槽，越川女士也開朗地一笑置之說：「因為我希望這些建築顯眼一點嘛～！」

流過小鎮中心的利根川水系一級河川「小野川」兩旁，一整排都是帶有古老風情的建築物，是這座城市的象徵，從地圖上一眼就能看出創作者非常重視這個地方。只有小野川塗上鮮艷的藍色，也令人印象深刻。這是吸引目光的其中一項巧思，讓拿起這份地圖的人，能夠想像人、事、物在佐原來來往往的情景。越川女士就是對小鎮的熱情的化身。她開始說起佐原，就完全停不下來！

滿面笑容卻充滿熱情！創作者越川女士。

小鎮的歷史雜談，直接成為地圖

佐原曾比江戶更像江戶，是歷史悠久的水鄉，甚至擁有「江戶優」的美稱。越川女士希望將這座小鎮的街景與文化遺產流傳給後世，於是在結束教師生活後，就以佐原街景交流館為據點，從事小鎮的導覽工作，當成人生的下一階段目標。她為了讓外地的人了解佐原的重要事物，製作出「佐原小鎮漫步地圖」，作為導覽活動的其中一環。這堪稱是一份歷史街景地圖！正可說是「什麼人就畫什麼樣的圖」。

總編輯就是你自己！手繪地圖可以「全憑自己喜好」

不需要在意比例尺的正確性，只需要把希望別人看到的部分畫得極端地；不需要公平、詳盡地提供所有資訊，這些都是手繪地圖的優點。因為地圖創作者本人就是總編輯，繪製時可以隨心所欲，我們採訪過的日本各地手繪地圖創作者都異口同聲這麼說，這點相當耐人尋味。用他們的話來說，就是「我只想畫出自己想放（透露）的資訊啊！」

一張手繪地圖上，不需要公平地介紹所有資訊，只需要根據自己的偏愛，大大方方把想要介紹內容寫進去。如此一來，這張地圖想要傳達的訊息（主題）就會變得很明確。如果還有其他想告訴大家的事情，再畫另一張地圖就可以了，這樣的取捨非常重要。

資料夾是讓地圖變更有趣的好主意

我們在佐原發現的另一份地圖，有著非常傑出的點子，就是旁邊所附照片裡的地圖，大家看出來了嗎？

沒錯，這份地圖就是資料夾。第五章也會詳細說明像這樣根據手繪地圖發展周邊商品的可能性，但發現這份地圖真的讓我們跌破眼鏡。據說這份地圖，採用了東

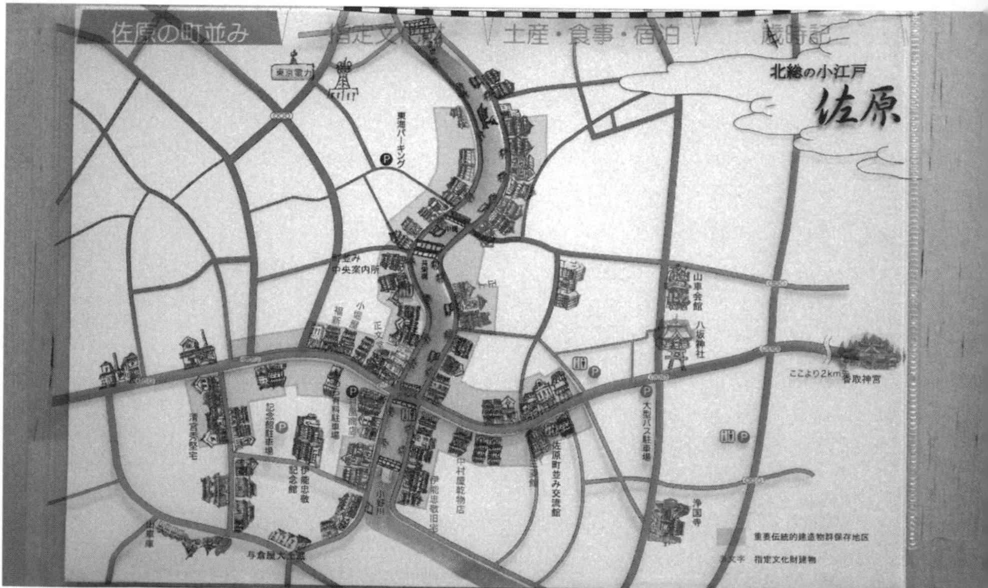

「佐原街景」堆疊的資料夾。

京理科大學學生們的創意。資料夾本體上，先印好現在的道路、號誌與河川，裡面可以夾入在河川沿岸或是道路兩旁的「佐原街景」、「指定文化資產」、「伴手禮・餐廳・住宿」等不同主題的手繪地圖，如此一來充滿江戶風情的小鎮樣貌，於是與平成（當時）的佐原樣貌完美重疊。

透過這樣的方式，首先就能根據「目的」使用不同的地圖。創作者只要先分別根據自己想要突顯的事物，換句話說就是「地圖的主題」來製作內頁，使用者就能透過抽換資料夾的內容，愉快使用不同目的的地圖。而且即使在路上散步時下雨，資料夾也能保護地圖的紙本內頁；如果在路上拿到店家名片或是觀光簡介等，也能夾進裡面，十分方便呢。真

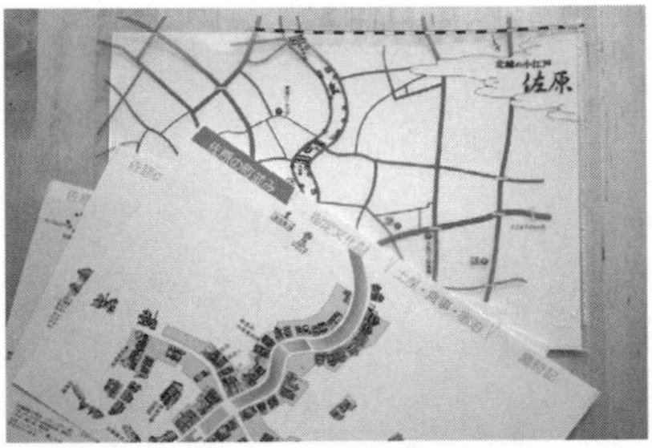

可以抽換不同的主題，相當有趣！！

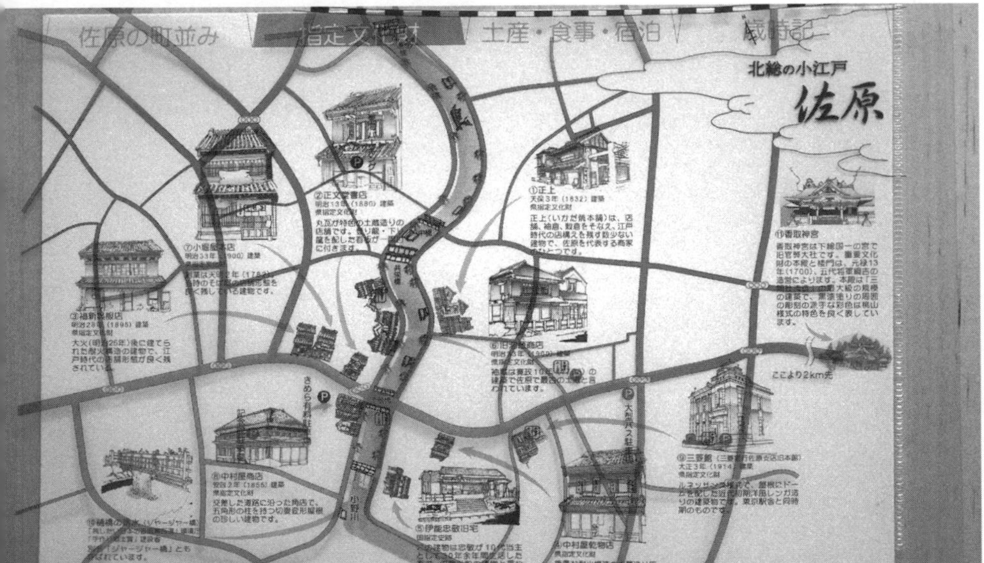

這個資料夾裡面是「指定文化資產」圖層。

希望大家都能模仿這個點子！

而這個資料夾，竟然是由越川女士隸屬的 NPO 法人「小野川與佐原町街景思考會」製作，而且獲得極大的迴響，現在已經沒有庫存了……祈禱能夠再版呀拜託！

這就是為第一次造訪佐原的旅客，提供愉快遊覽興味的「佐原小鎮漫步地圖」。在小鎮漫步時，將事先分好主題的地圖，分別夾進資料夾裡，既方便又新奇，真的很有趣！

第2章

從座談會開始！

手繪地圖
幾乎八成都靠「作戰會議」！

「作戰會議」聽起來有點像小孩子在密謀什麼「惡作劇」一樣，可以感受到玩心，讓人心情雀躍。我們希望和參加者一起珍惜與享受「認真玩耍」的氣氛，不知不覺間，便將手繪地圖工作坊的第一個步驟「座談會」，稱為「作戰會議」。只不過是大聲宣布：「好，現在開始作戰會議！」，現場就會逐漸染上「密謀著什麼」的氣氛，相當不可思議。這麼一來，參加者都成為共犯了（笑）。

在手繪地圖工作坊中，地圖可以說八成都靠作戰會議來完成的，一點也不為過。因為大家在名為作戰會議的「座談會」中，以提到的話題為中心，在地圖上寫下內容。那麼，左右影響著地圖製作的座談會，到底是什麼樣的活動呢？接下來就為大家揭曉秘密，看看我們如何打造不分男女老幼，都能愉快繪製手繪地圖的場域。

「手繪地圖憲章」——任何人都能享受的地圖製作心法

手繪地圖推動委員會想像中的「手繪地圖」，是以視覺方式表現小道消息、奇聞軼事、無形的故事與回憶的媒介。換句話說，就是將當地居民的個人回憶、在地流傳類似民間傳說的故事，或是眾說紛紜的小道消息等，反映在有形的「地圖」上。所以跟圖畫得好不好無關，也不需要將道路或大樓等元素正確無誤地畫出來。就連正確性、公平性、詳盡性等，一點都不需要在意。

所以，在這裡想要分享我們構思的「手繪地圖憲章」。憲章就像是基本方針，希望大家製作手繪地圖時都能重視這些原則。這是為了讓當地想要製作手繪地圖而聚在一起的人，能夠愉快進行工作坊的指南針，也可說是製作手繪地圖的前提。憲章的內容如下：

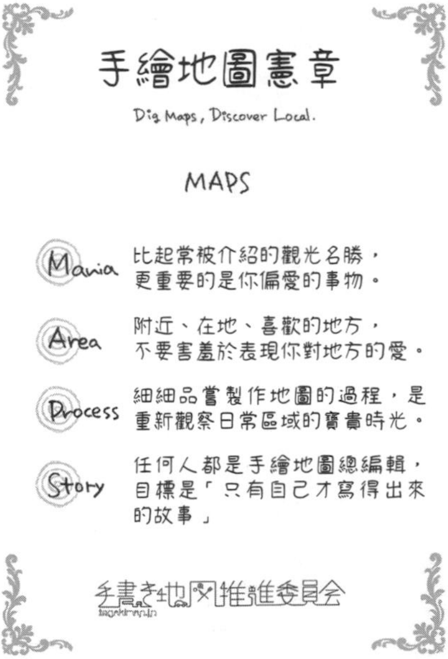
手繪地圖憲章
Dig Maps, Discover Local.
MAPS
Mania 比起常被介紹的觀光名勝，更重要的是你偏愛的事物。
Area 附近、在地、喜歡的地方，不要害羞於表現你對地方的愛。
Process 細細品嘗製作地圖的過程，是重新觀察日常區域的寶貴時光。
Story 任何人都是手繪地圖總編輯，目標是「只有自己才寫得出來的故事」
手書き地図推進委員会

或許有人已經發現，字首「MAPS」是靈感來自「地圖」的文字遊戲。不過，這可不是單純的諧音，每個字有確切的意義！

M
Mania

—偏愛比平衡更重要—

比起常被介紹的觀光名勝，更重要的是你偏愛的事物。

既然接下來要重新製作獨一無二的地圖，環顧市面上已經充斥著大量的地圖與導覽手冊，若要模仿這些現成品就沒有意義。大家還是希望這份地圖有自己專屬的特色吧？

所以重要的是「偏愛＝小眾也沒關係！」的態度。比起大家都知道的事情，只屬於你的個人回憶與體驗，才具有觀光地圖所呈現不出的價值。地方的小道消息、你個人的經驗、從阿公阿嬤那邊聽來的鄉野奇譚，甚至是「不知是真是假」的故事都可以。

不需要討好所有看這份地圖的人，不能因為在意別人的反應而在繪製時有所顧慮，最重要的是要自己畫得開心。所以在比擬為作戰會議的「座談會」中，參加者以自己的語言，盡情寫出各自喜歡的事物，是具有重要的價值。手繪地圖工作坊，就像是與存在於那一刻、那一個空間的參加者，一起進行一場「現場表演」。這個時候不要在意平衡觀點，請務必享受專屬於自己的「偏愛」。

A
Area

—不要羞於說出自己的「偏愛」—

附近、在地、喜歡的地方，不要害羞於表現你對地方的愛。

每個人對於長期生活的土地，或因為喜歡而一再拜訪的地方，都有各自的回憶與依戀吧？雖然特意說出來很不好意思，但請試著克服害羞的心情，拋開所有束縛，說出童年時代的回憶，或是平常發生的事情。

結果不可思議的事情發生了。其他的參加者竟然也開始說出各自的經驗談，像是「咦，真的嗎？我家是這樣耶」或是「其實那個地方還有這樣的事情發生呢」等等。這麼一來，討論就會朝著我們希望的方向發展。

你的日常，就是別人的非日常。

舉例來說，討論「炸竹筴魚要沾醬油呢？還是番茄醬呢？」時（大家不會討論嗎？（笑）），對我來說醬油是日常，番茄醬就是非日常。「吃魚怎麼能配番茄醬！」我是這樣想的，美乃滋或是海鹽什麼的，更是太創新了……哎呀！話題有點跑得太遠，總之就連這些俯拾即是的案例，

D
Process

重新確認自己的生命歷程，
將成為地方再發現的元素。

細細品嘗製作地圖的過程，是重新觀察日常區域的寶貴時光。

都存在著「日常的差異」，可以猜到一但將這些差異開始寫出來，更是會多到不勝枚舉。

其實本地一定有很多自己原本不知道的秘辛，只是一直沒有拿到檯面上討論而已，也有很多逐漸被遺忘的事情吧？這對身旁的人而言也是一樣的。參加者邊一點一滴回想當地的故事與自己的經驗，邊互相討論，這樣彼此的發言就能提供刺激，也能成為線索，帶來自己對地方的新發現。享受這一連串的過程，也是手繪地圖工作坊的醍醐味。當然，肆無忌憚地在大張圖畫紙上自由書寫，也是一個愉快的步驟。畢竟在大張圖畫紙上亂寫亂畫，也是平常難得的體驗！

Story

—關鍵在於「個人的回憶」—

任何人都是手繪地圖總編輯，目標是「只有自己才寫得出來的故事」

平常看地圖的時候，首先映入眼簾的是店名或路名等「名稱」吧？任何地圖都明確記載了地名與店名。但是，如果地圖除了店名之外，還能附上一句小故事或短語，更能讓人豎起頭頂的雷達天線，提起想去一探究竟的興趣。

舉例來說，如果只寫著店名「大內烘焙坊」，這就與一般的地圖沒什麼兩樣。但手繪地圖如果寫著：「買三個麵包就送一杯免費咖啡的大內烘焙坊！（咖啡是老闆的興趣，豆子似乎也是高品質）」似乎會更有趣味！當然這只是舉例而已（因為大內就是我本人（笑））。

將重點整理一下，就是「特色勝過名稱，小道消息又勝過特色」。換句話說，店的內容（一句形容）比店名更重要，而街坊巷弄的小道消息或小故事，又比內容更值得重視。只要不忘在名稱旁邊附上一句「發生在那裡的小故事」，整張地圖就能變得像讀物一樣有趣。

總編輯就是製作地圖的你，比起人盡皆知的共通話題，當整張地圖上只有自己才知道的故事越多，就越能呈現獨一無二的創意，請盡量自由自在地補充吧！

對了，由好幾個人輪流擔任總編輯也很有趣，「上次是我，這次的總編輯換你來當當看吧。」像這樣變換負責人，觀點與主題也會跟著改變，不僅製作的地圖會變得不一樣，也能為夥伴創造登場的機會。

內外的相輔相成，由「內（本地）」與「外（手繪地圖推動委員會）」的合作互動

以「打造場域為目標」這類的話，聽起來有點困難，但抱持著「樂在其中」的心情最重要。此外，還有不管說什麼或聽到什麼，總之都先以興致勃勃的態度接受。這麼一來，會場就能熱鬧又歡樂。

在手繪地圖推動委員會的工作坊中，首先會由我們自己擔任主持人，邀請大家積極體驗當地的樂趣。總而言之，要先玩耍、反問、在其中感受趣味。

外地人覺得稀奇的事情，卻是當地人的日常，為了讓他們發現這點，指出「這點和別的地方不一樣，很有趣！」是一件重要的任務。因此製作地圖需要採取外地人的觀點來合作。而經常在各地旅行、見多識廣的手繪地圖推動委員會，就扮演這樣的角色。

整理到處亂貼的便條紙！擬定田野調查的計畫

在座談會上只要點燃火苗，就會持續熱烈燃燒，原本消極否定的氣氛，也會變得更正向積極，真是有趣呢。如果遇到從內部很難點燃火苗的情況，舉出能與其他地方比較、模仿的案例，從外側注入燃料（刺激）也很重要。如同前述，這個角色就由我們手繪地圖推動委員會來擔任。若是自行舉辦工作坊，或許可以邀請曾經離鄉背井的當地人、從其他地方搬來的人、從鄰鎮通勤的人們等參加，他們也都能從各自的角度提出不錯的外部意見。

座談會還有另一個重點，那就是「將討論的內容寫在紙上」。因為工作坊有個不可思議的傾向，那就是如果

不積極記下座談會上出現過的話題，最後製作地圖的階段也會變得消極，總之將討論的內容記下來是必要且重要的。有沒有記下內容，將大幅影響之後進行田野調查的成功與否，最後繪製的手繪地圖也會出現極大的差異，所以就盡量寫出來吧！

仔細想想，這也是理所當然。畢竟最後要在圖畫紙等媒材上「手繪」地圖。然而，一旦要在純白的大張圖畫紙上創作，就會有人猶豫或難為情也是事實。所以在座談會的階段，先積極熟悉「將自己所說的事情寫下來」、「將耳朵聽到的內容化為文字」這些練習作業很重要，只要養成這個微不足道的習慣，就能營造出不排斥在純白圖畫紙上大膽畫下線條、圖形與寫下文字的氣氛。

接下來將循著實際的工作坊案例，根據上述基礎繪製手繪地圖的四個「訣竅」，來進行說明。如果想要試著舉辦手繪地圖工作坊，除了手繪地圖憲章之外，也不要忘記掌握這四個「訣竅」喔！

接著就請翻開下一頁。各位的作戰會議就從這裡開始。

訣竅　其①

討論常去地方、勾起回憶的地方

▼

CASE STUDY 1：掌控座談會就能掌控手繪地圖！（宮城縣仙台市）

訣竅　其②

討論地方的小道消息（你獨特的體驗＞大家都知道的事情）

▼

CASE STUDY 2：搜集小道消息製作的三份筑波探險地圖。（茨城縣筑波市）

訣竅　其③

聚焦觀點！決定地圖的主題

▼

CASE STUDY 3：商店街的笑容培養出地方愛。（神奈川縣橫濱市）

訣竅　其④

融入外地人的觀點

▼

CASE STUDY 4：從「平凡無奇」變成「充滿魅力」！（北海道惠庭市惠野）

座談會的訣竅　其❶

聊聊常去的、固定前往的懷念地方

上一節提到，只要座談會辦得好，手繪地圖就成功了八成。接下來將介紹四個成功帶動座談會氣氛的訣竅。第一個訣竅是「聊聊常去的、固定前往的懷念地方」。如果想從座談會不經意的對話中，找出明確的「偏愛」，建議從那些長年熟悉這個地方的人，或是有回憶的人所說的話去挖掘。這次介紹的宮城縣仙台市的某個團隊，就將焦點擺在當地的高中生，以他們與地方的生活互動方式畫成「仙台一高學生的生態 MAP（一高生生態 MAP）」。

CASE STUDY

跨越世代「高中生的眼光」，裁剪看似平凡城鎮的奪目瞬間！

仙台一高學生的生態MAP（宮城縣仙台市）

回到故鄉，更添氣勢的大內研究員。

二〇一七年九月，「仙台市地下鐵東西線WE計畫」的成員，邀請我們前往大內研究員的故鄉仙台，委託我們在「WE SCHOOL」這個空間，舉辦手繪地圖工作坊的特別講座。這是個培養公民企劃者的空間，提供他們學習地方營造所需的知識與傳播資訊的方法，希望能藉此振興地下鐵沿線。

掌控座談會就能掌控手繪地圖

當天，以仙台車站東南方連坊地區為活動範圍的「WE SCHOOL　地方創新學習會」的十六名成員都來了。雖然他們平常就會舉辦地方振興活動，但製作地圖卻是頭一遭。現場氣氛尷尬，彷彿聽得到「我們畫得出地圖嗎……」的焦慮心聲。

大內研究員在這樣的氣氛下，斷然發表主題：「這次的主題就是『隨便創造主題』！」反過來看，這個主題也包含了這樣的訊息——「地圖的趣味程度將取決於，在座談會中找出對各種場所與人的『偏愛』」。

我們無視於面對這個難題而更加困惑的學員，立刻將他們分成三組，請他們各自討論。接下來，各小組針對連坊是個什麼樣的地方、這裡有些什麼……等問題就此展開討論。就結論來看，連坊似乎有寺廟、有公園，也是歷史悠久的文教地區；這裡也有住宅區，最近蓋了地下鐵車站。

到此為止都還只是熱身而已，大家在這個時候，都還客氣生疏。雖然想要引導他們說出更多的偏愛，但現場仍散發出「說這件事情很難為情」、「不要太強出頭」的氣氛。不不不，不是這樣，「不要想得那麼難！」、「偏愛的趣味最棒！」、「小道消息更是歡迎！」，手繪地圖推動委員會這麼鼓勵他們，因為座談會的下半場是重點，我們要燃起大家的熱情。於是有人說起連坊這裡有美味的蛋糕店、也有糰子店，那麼這裡的名產什麼呢？「黑糖蒸糕！」、「咦？這是什麼？」會場終於逐漸熱絡起來。

參加者依然露出呆滯的表情。

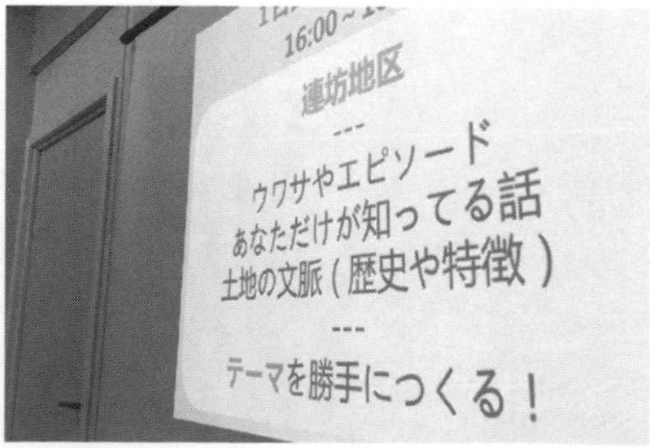

隨便創造主題！開始！

只要最初的座談會氣氛熱烈，就沒什麼好怕的！主持人的幕後工作訣竅

有時候，當其中一個小組討論熱烈時，其他小組卻反而更加沉寂。如果有小組遲遲抓不到切入點，我們也會悄悄地向已經懂得帶動氣氛的參加者說：「那組起不了頭，去幫他們一下。」尋求跨小組的協助。我們當然知道，就算聲音不大、來之前沒有事先做準備、不夠開朗，但大家其實都有各自私藏的有趣題材。

話說回來，如果在座談會時，應該分享的觀點或發現模糊不清、呈現消化不良的狀態，那接下來的田野調查就不會那麼有趣，這也是理所當然。因此委員會成員之所以加入到各組的討論，也是希望藉由不清楚在地狀況的我們（外地人），故意提出問題來緩和氣氛或拾起話題，讓容易因害羞而低頭的人創造出對話的契機。我們有時低調，有時大膽（隨意）地觀察討論的發展。

氣氛逐漸熱烈的座談會。

當所剩的時間不多時，會場會不斷傳出「再給我們一點時間！」的聲音。看吧，座談會也變有趣了呢！

「就決定用這個主題吧！」探索偏愛的時間，才是手繪地圖的精髓

在某一組的組員中，有人畢業於位於連坊地區的「宮城縣仙台第一高級中學（簡稱一高）」。這是一所歷史悠久的名校，自然而然也會出現許多小道消息，像是：「啦啦隊的制服很酷！」、「他們會去商店街的魚店買魚拿回學校烤」、「到了下課時間，附近的便利商店與咖啡店，就會有很多一高生出沒」……等等，這種回憶高中生特有的話題不斷出現，討論漸趨熱烈。「一高生的生態」這個主題，就在這時候浮現。一高生如何在生活中與學校所在的連坊地區，產生連結呢？藉由整理他們實際生活型態，製成手繪地圖想法就此拍板定案。

而且田野調查那天，剛好就是仙台一高的校慶日，會開放給一般民眾參觀。太有趣了！大家一起去吧！

大家就算不是一高的畢業生，也因為久違的高中校慶而興致勃勃。多虧了在座談會的充分討論，才能發現這個明確清晰的主題。接下來只要在隔天盡情享受田野調查就可以了唷！

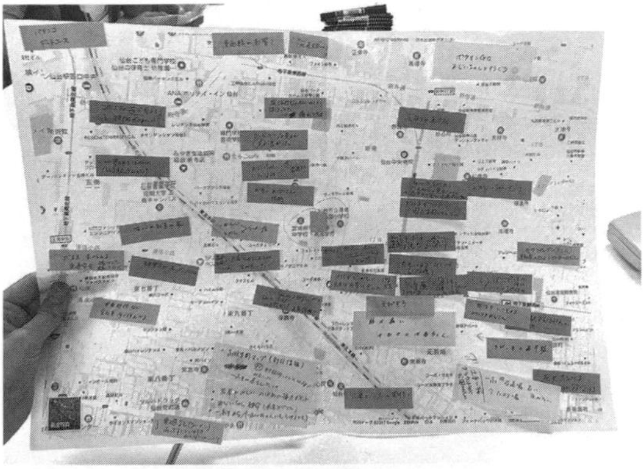

在座談會上決定好主題之後，就填滿空白的地圖。

趁著還記得的時候，一定要將訪問過的商家與景點標記在地圖上，這個步驟很重要。

西點店大黑屋製菓的「黑糖蒸糕」，是一高生們心中的療癒美食。

一旦開始在圖畫紙寫字畫圖就會停不下來。

竟然是第六十屆！是擁有悠久歷史的名校呢！

根據座談會設定的主題，進行簡單而深入的採訪。

終於到了近距離觀察一高生生態的校慶日。當天的天氣很好，在熱鬧的校園內，田野調查的成員訪問現役高中生，請他們介紹在連坊常去的店家與約會景點等等。在採訪競技歌牌社時，學生們還陪我們玩了一局。即使是平常很少交流的世代，藉著校慶這樣的機會，也能自然地對話。

我們將高中生提供的地方資訊記錄在地圖上後，也實際去這些地點和訪問店家。如果有甜點店的話，當然也要實際試吃！

附帶一提，座談會中提到的「黑糖蒸糕」，是一種散發著淡淡黑糖味，類似饅頭的樸實點心。只要有活動，老師就會將黑糖蒸糕發給大家。於是我們發現，黑糖蒸糕與一高生有著密不可分的連結，幾乎就是他們青春的滋味。除此之外，我們也訪問了許多店家的老闆。利用在座談會上聚焦的明確觀點，所進行的田野調查，不就是可以想像連坊地區的商店與周邊學校的連結，還有歷代高中生都經歷過的街角情景嗎？

偏愛的主題才能深入核心

在四小時的田野調查結束後，我們搜集到有趣題材，再利用剩下的兩個小時，寫下採訪到的內容。

積極採訪高中生的策略奏效，不用說一高生了，學校老師、當地居民、商店老闆、畢業生等，透過「高中生」的視角所能看見的想法與故事，都超乎想像地多樣。我們好不容易才將這些內容都塞進地圖裡，「一高生生態MAP」終於完成。

在後來的發表會上，也不斷地發現地方與

地圖上寫滿了連坊地區作為「高中生之城」的魅力。

學校的連結，比如說女孩子們聚會首選的拉麵店、為了建立緣分而給五元硬幣的日式甜點店、一間烤魷魚店成為包含其他學校在內的地方社交場所（！）等等，互動的氣氛十分熱烈。

透過這樣的案例，大家是否能夠了解，只要在座談會上找出清晰的主題，之後的過程「田野調查⬇地圖製作⬇發表會」也自然就能順利呢。大家也先試著大方說出平常看習慣的景色與道路，或是童年時代的回憶吧！裡面必定隱藏著重新發現地方新魅力的線索。好想再吃一次「黑糖蒸糕」啊！

所有參加者的合照，又發現了全新的地方魅力。

座談會的訣竅　其❷

討論地方的小道消息——比起「大家都知道的事情」，更重要的是「你獨一無二的體驗」

座談會的第二個訣竅是「討論地方的小道消息」。在座談會上，一定要請大家討論小道消息。

開門見山就說「來畫手繪地圖吧！」實在太過積極，參加者也抓不到發言的時機，這麼做既無法炒熱小組討論的氣氛，也想不出題材或點子。尤其在小組討論中，經常會出現彼此面面相覷，久久擠不出一句話的狀況。但是從乍看之下與地圖無關的地方小道消息開始，就能使現場的氣氛變緩和。

「搜集小道消息所製作的三份筑波探險地圖」，就是靈活運用小道消息的案例，在這次的工作坊中，一點一滴搜集當地人的傳聞，分別製作三份地圖：「跟著小道消息逛筑波」——整理筑波車站周邊推薦景點；「筑波育兒小知識地圖」——專門搜集在地親子必備的資訊；「BiVi 筑波手繪樓層地圖」——站前商業設施的館內地圖。

CASE STUDY

跟著小道消息逛筑波、筑波育兒小知識地圖、BiVi 筑波手繪樓層地圖（茨城縣筑波市）

如何搜集小道消息製作地方探險地圖

筑波市位於茨城縣南部，因為打造成大學城而發展起來。二〇〇五年鐵路筑波快線通車，前往東京都心變得更方便，於是車站周邊蓋了許多大樓，成為通勤東京的年輕家庭熱門居住區。

筑波站前的商業設施「BiVi 筑波」全新開幕，我們這次受到經營團隊大和租賃股份有限公司邀請，前往舉辦工作坊。平常舉辦的手繪地圖工作坊，都會事先招募參加者，花點時間仔細尋找題材，但這次的工作坊卻是使用商業設施（商場）的活動空間，提供現場報名，這樣的形式對我們來說也是第一次體驗。

討論小道消息就能輕鬆加入！商業設施內的活動型工作坊

「小道消息」在這時候就是個很有效的破口。我們為了讓民眾在活動當天能夠輕鬆報名，在邀請他們參加時，不是問他們「要不要來畫張手繪地圖呢？」，而是「能不能幫我們寫些本地的小道消息呢？」，這樣大家就會輕鬆停下腳步，向我們提供資訊。結果在三天的活動中，總共完成了六十四份（由六十四人繪製）手繪地圖。

在「BiVi 筑波」的活動空間舉辦的手繪地圖工作坊，參加者主要是來逛商場的親子檔（二〇一五年九月）。

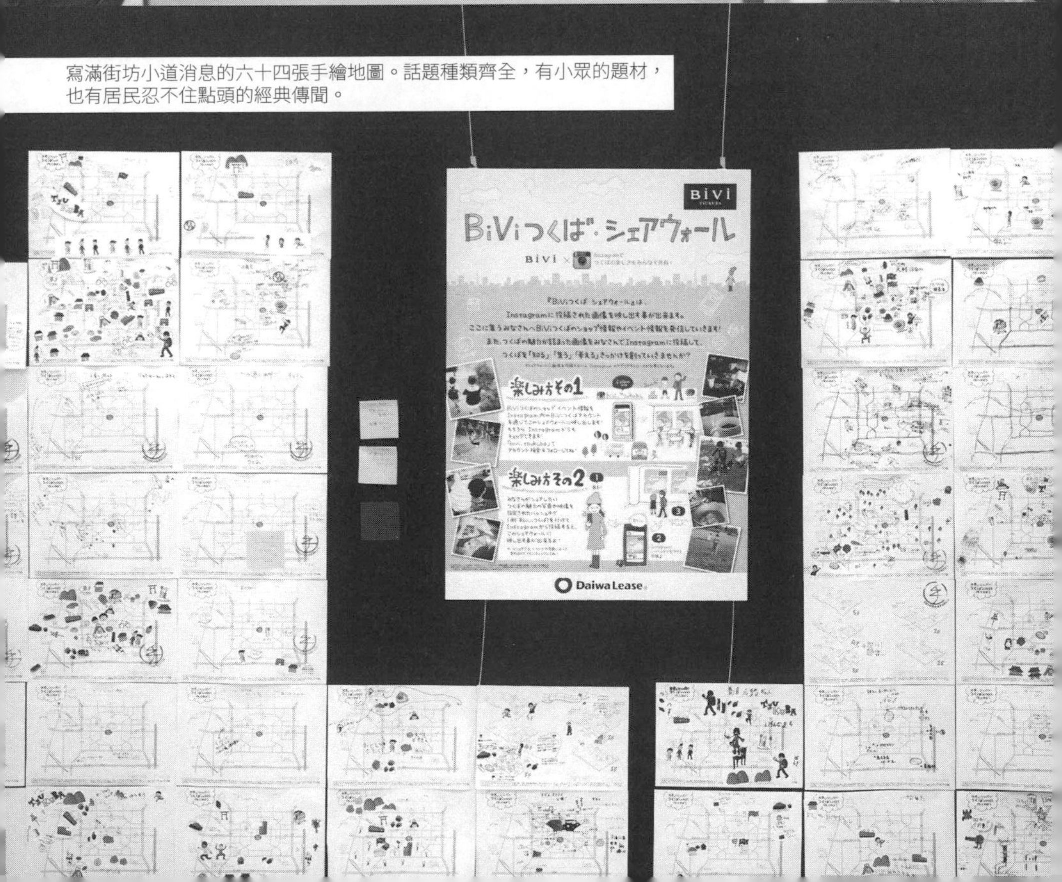

寫滿街坊小道消息的六十四張手繪地圖。話題種類齊全，有小眾的題材，也有居民忍不住點頭的經典傳聞。

手繪地圖套組——將各種小道消息放入地圖裡的必備小工具！

不會畫畫的人也能像做美勞一樣享受手繪地圖的製作

雖然知道有趣的小道消息、街坊的題材也很豐富、討論十分熱烈，但應該也會遇到一個情況：不少人不會畫畫，一時之間要他們繪製手繪地圖，會遲遲無法動筆。這麼一來，難得想要介紹給大家的小鎮魅力就無法傳達出去，地圖製作也不如預期順利。由於這樣的狀況不少，我們在筑波市舉辦工作坊時，為了幫助參加者輕鬆寫下小道消息，事先準備了手繪地圖套組。

手繪地圖套組，包含：

- 只標上筑波車站周邊地標的空白地圖紙。
- 搭配畫著人物、風景、食物等小東西的插畫集。

參加者只要在空白地圖上剪貼素材，再將小道消息寫在旁邊，就能像小學時做美勞一樣製作手繪地圖，無論男女老幼都能輕鬆參加。至於對話框，只要在裡面寫出腦中想到的文字即可，譬如「我最喜歡的地方是〇〇」，或者「這竟然是〇〇！」，不用煩惱該如何下筆。我們也花了一點心思，讓想要表現的特徵與重點能夠更清楚表達，就像製作迷因圖一樣。

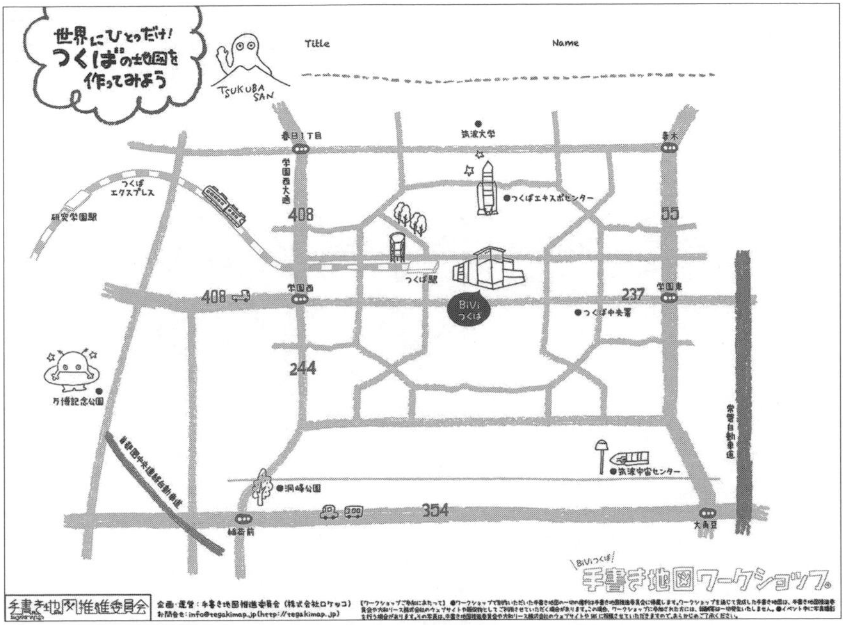

手繪地圖套組・空白地圖：已經事先標好地標，輕輕鬆鬆就能寫下小道消息。

搜集小道消息製作的三份手繪地圖

將工作坊中搜集到的六十四張手繪地圖彙整成三個主題，繪製成完稿。（三份地圖都由專業手繪地圖創作家・江村康子研究員繪製）

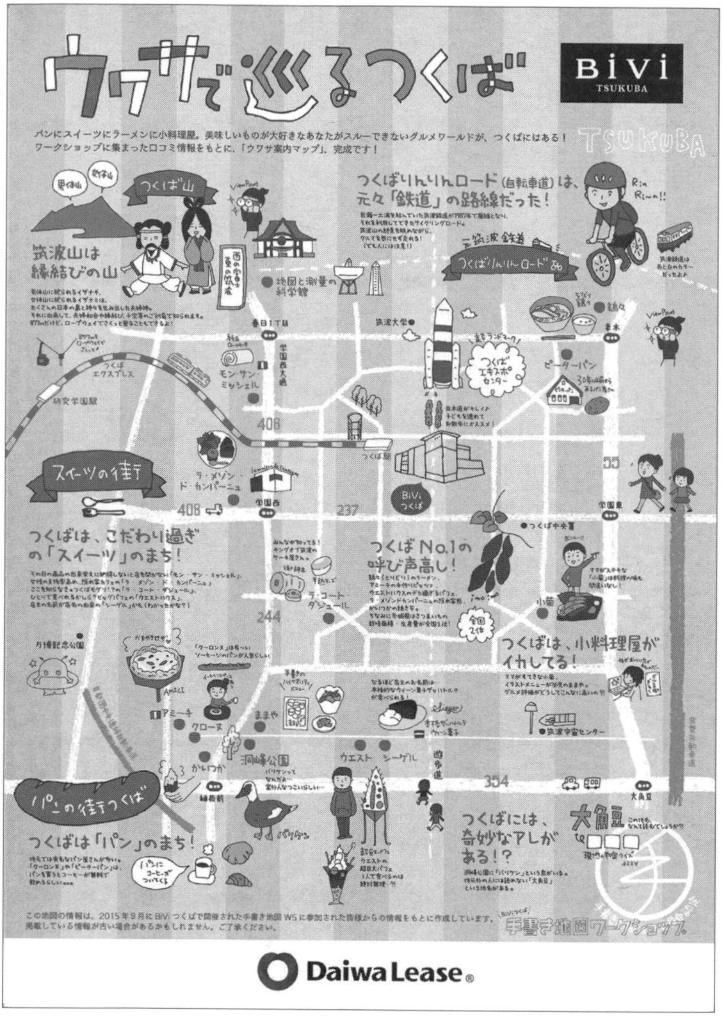

跟著小道消息逛筑波

這是根據工作坊參加者提供的「筑波小道消息」，彙整而成的地圖，像是買麵包就能喝咖啡的麵包店、公園的神秘鳥禽「紅面鴨」、幾乎達到甜點等級的烤地瓜店「Kaitsuka」等，是寫滿當地人才懂的內行消息的手繪地圖。

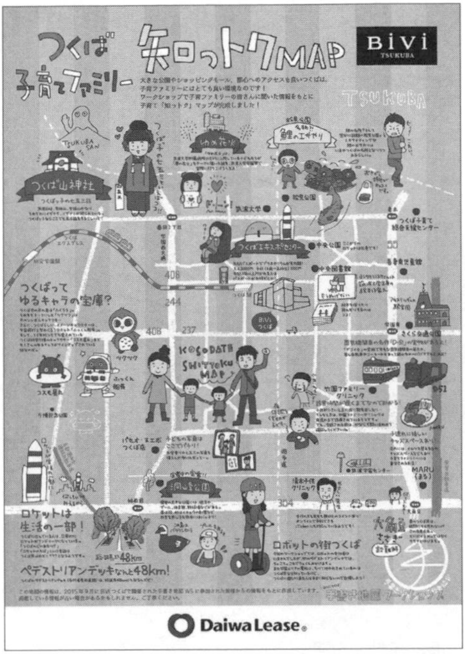

筑波育兒小知識地圖

工作坊中搜集到許多關於育兒的「小道消息」，因此製作了有小孩的家庭可以愉快閱讀的手繪地圖。筑波市搬來許多帶著小孩的爸爸媽媽，有了這份手繪地圖中，寫滿對他們有幫助的資訊，比如說像是：不親自嘗試難以感受其魄力的松見公園餵鯉魚、開到很晚的診所、周末外出的景點與活動等，這些訊息最適合剛搬來筑波的親子家庭。

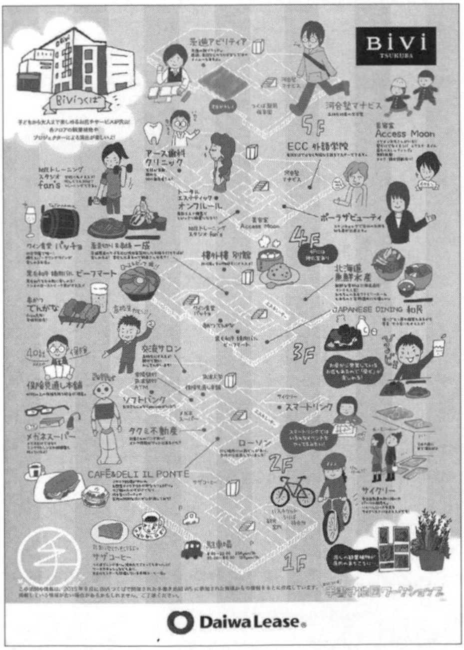

BiVi 筑波手繪樓層地圖

此外，我們也為舉辦工作坊的商業設施「BiVi 筑波」製作了樓層地圖。一般的樓層地圖是為了正確傳達哪裡有什麼而製作，但這份樓層地圖卻為了讀起來像讀物一樣有趣，而花了許多巧思，譬如「帥哥店員值班的美容院」或「大中午就能暢飲啤酒的居酒屋！？」等等。

透過只有自己知道的刁鑽小道消息，可以發現平常不會注意到的地方趣味，很意外地搜集到就連居民也不知道的新鮮資訊。

座談會的訣竅　其❸

聚焦觀點！決定地圖的主題

座談會的第三個訣竅是「聚焦觀點！決定地圖的主題」。接下來要介紹的是，神奈川縣橫濱市大岡小學六年級生製作手繪地圖的案例。這些小學生為了振興在地商店街，儘管親自前往採訪並得到許多題材，但做出來的第一份地圖，卻不知為何變得「毫無特色」，原因似乎就出在地圖的主題設定。這次介紹的案例雖然不同於一般順序，是先有田野調查後才舉辦座談會，但以清晰的觀點重新整理採訪中搜集到的許多魅力。

CASE STUDY

弘明寺「笑」店街MAP（神奈川縣橫濱市）

培養對地方的愛！孩子們製作的商店街手繪地圖

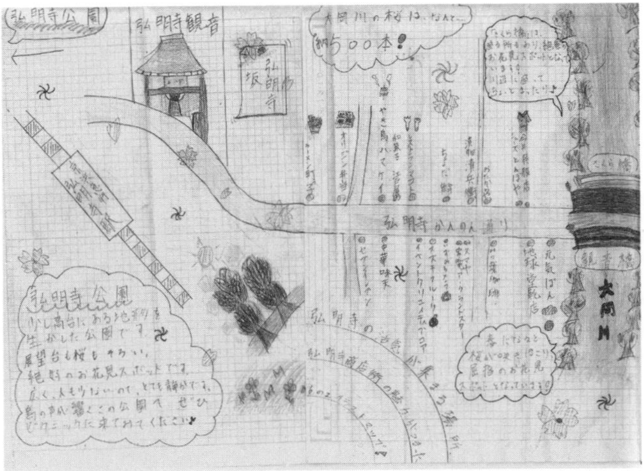

第一份製作的手繪地圖。採訪到的資訊無法全部放上去，變成以列出店名等為主的手繪地圖。雖然這份手繪地圖也很棒，但好不容易採訪到的資訊不就沒有充分運用了嗎？小朋友們如此討論著。

二〇一六年，當時就讀大岡小學的六年二班孩子們，在綜合學習課程「大岡時間」製作了手繪地圖。「大岡時間」是該校的綜合學習課程，由各年級、各班級分別主動在真實社會中找出課題，並與地方上的大人和企業齊心協力找出解決方法的課程。六年二班基於「希望自己製作的東西能為地方帶來幫助」的想法，著手製作以小學生的觀點介紹當地商店街的手繪地圖，我們則以特聘講師的身分前往協助。

從單純介紹商家的地圖，變成「笑」店街地圖

他們採訪的對象，是位於大岡小學附近的大型商店街「弘明寺商店街」。他們為了將商店街的魅力傳達給更多的人，首

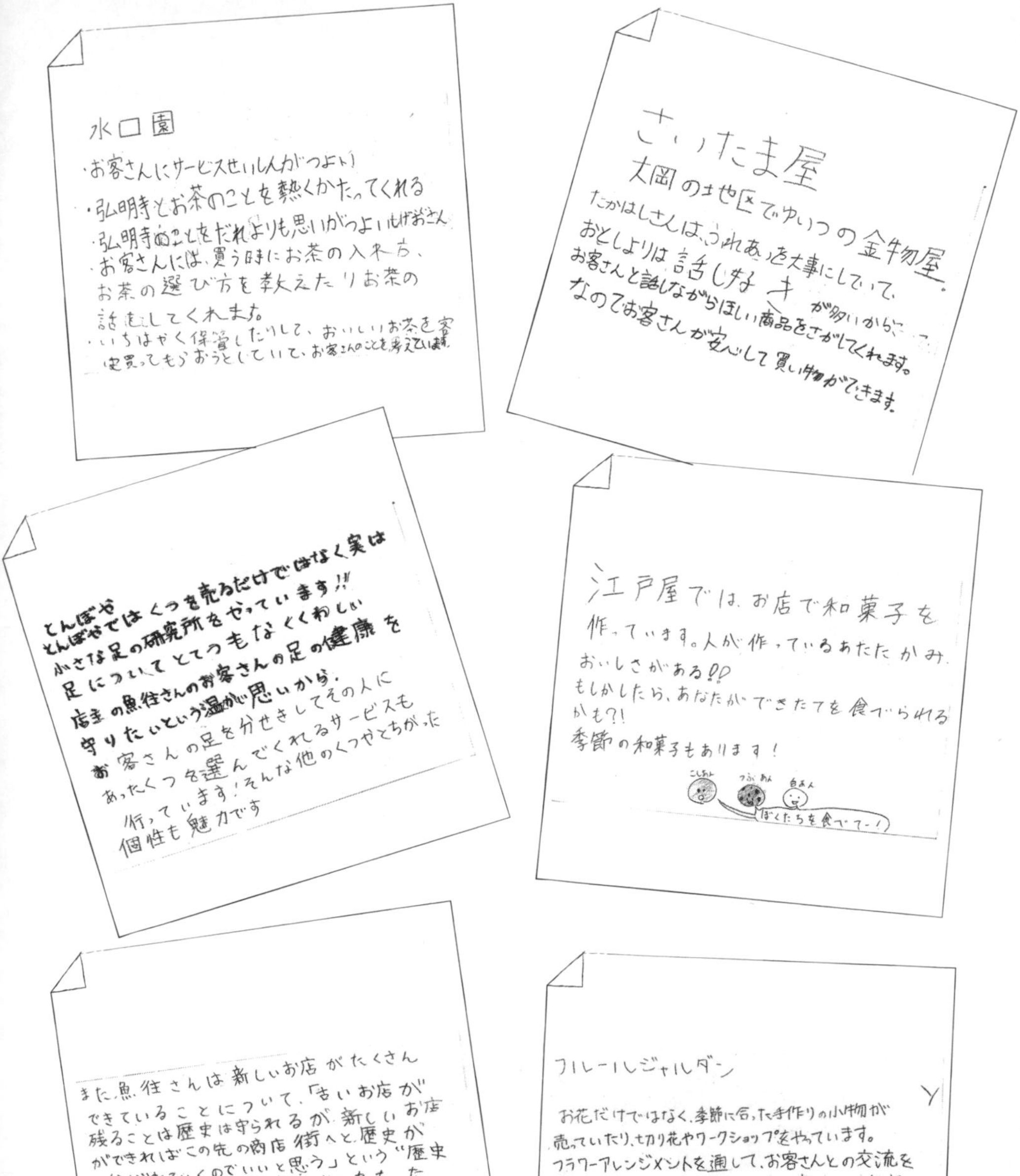

水口園
・お客さんにサービスせいしんがつよい!
・弘明寺とお茶のことを熱くかたってくれる
・弘明寺のことをだれよりも思いがつよいおばあさん
・お客さんには、買う時にお茶の入れ方、お茶の選び方を教えたりお茶の話をしてくれます。
・いちはやく保冷したりして、おいしいお茶を客に買ってもらおうとしていて、お客さんのことを考えています。

さいたま屋
大岡の地区でゆいつの金物屋。
たかはしさんは、ふれあいを大事にしていて、
おとしよりは話し好きが多いから、
お客さんと話しながらほしい商品をさがしてくれます。
なのでお客さんが安心して買い物ができます。

とんぼや
とんぼやではくつを売るだけではなく実は小さな足の研究所をやっています!!
足についてとてつもなくくわしい店主の魚住さんのお客さんの足の健康を守りたいという温かい思いから、
お客さんの足を分せきしてその人にあったくつを選んでくれるサービスも行っています!そんな他のくつやとちがった個性も魅力です

江戸屋では、お店で和菓子を作っています。人が作っているあたたかみ、おいしさがある!!
もしかしたら、あなたができたてを食べられるかも?!
季節の和菓子もあります!
こしあん
つぶあん
白あん
ぼくたちを食べてー!

また魚住さんは新しいお店がたくさんできていることについて、「古いお店が残ることは歴史は守られるが、新しいお店ができればこの先の商店街へと歴史がつながれていくのでいいと思う」という"歴史ある商店街"のなかで新しい考えをもった商店街のイメージをしんけんに考えている真面目な方です。

フルールジャルダン
お花だけではなく、季節に合った手作りの小物が売っていたり、切り花やワークショップをやっています。
フラワーアレンジメントを通して、お客さんとの交流を大切にしています。買い物に来たお客さんが気軽に参加できるので、他のお店とは少しちがった個性のあるお店です。

孩子們的採訪筆記。

先進行店家採訪，再透過「商店街擁有悠久的歷史」、「每家店都有自己的巧思」、「與店家交流很有趣」、「舉辦許多季節活動」等小學生的觀點，成功發現了許多魅力。

然而一旦試著畫出來，成品就變成以列出商店所在位置為主的地圖，與現有的商店街地圖幾乎沒什麼兩樣，和他們想像中能夠傳達地方魅力的手繪地圖有點出入。六年二班的同學看到完成的地圖，也覺得好像不太對……能不能將好不容易採訪到的資訊，透過地圖充分表現出來呢？

從「個人特色」切入，採訪筆記中的新發現

全班同學經過再次討論，發現商店街的魅力是在於，受訪商店老闆本身的「個人特色」。重新檢視採訪筆記，他們除了場所與歷史之

整理採訪內容的圖畫紙。已經採訪到精緻細密的資訊，就只剩該以什麼觀點繪製地圖。

外，其實已經取得許多更濃密的資訊：經營了八十五年的日式甜點店，不只擁有悠久的歷史，也總是邊想著顧客而面露開心的臉龐，邊製作美味的甜點。鞋店老闆除了賣鞋之外，也以腳部與健康為主題進行研究。茶行老闆不只賣茶，如果去到店裡，他還會熱情地告訴你弘明寺的歷史。還有以插花工作坊，重視與顧客之間交流的花店。

弘明寺「笑」店街 MAP

這是一份透過採訪，將觀點聚焦在商店街老闆個人特色所完成的地圖。小學生將目光擺在自己親自採訪到商店街中「人的魅力」，他們不只呈現商店所在地的「事實」，也聚焦在商店街老闆的「人品」，完成了一份嶄新的手繪地圖，傳達與過去不同的商店街魅力。地圖

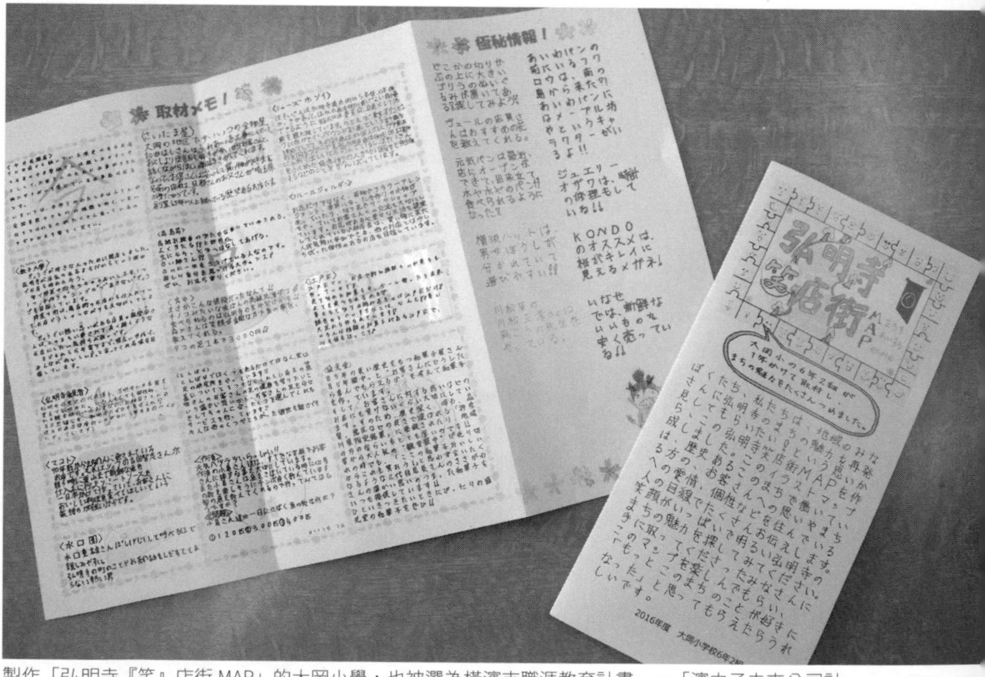

製作「弘明寺『笑』店街 MAP」的大岡小學，也被選為橫濱市職涯教育計畫——「濱之子未來公司計畫（創業家比賽）」學習發表會的發表學校，看來手繪地圖似乎很適合用在地方學習呢。

的正面附上老闆肖像畫，介紹受訪店家的講究之處。這樣的設計展現出商店街充滿笑容的氣氛。地圖背面則寫滿在採訪中得到的，像是關於店名由來與興趣、研究的話題等等，商店街不為人知的小故事。

我們的工作坊，也無法總是如預期般順利。有時候座談會的氣氛還沒炒熱，就已經該結束了，有時候即使透過豐富的採訪搜集資訊，也無法順利決定觀點或主題，或者也有無法如想像般完成的時候。但是，只要現在放棄，比賽就結束了（笑）。如果能像大岡小學六年二班的同學一樣，在田野調查後重新找到聚焦的切入點，永遠都有扳回一城的機會！

座談會的訣竅　其❹

融入外地人的觀點

最後來介紹座談會的第四個訣竅，就是「融入外地人的觀點」。

這或許也是我們工作坊最大的特徵。並非來自製作地圖的地區、也沒有在本地生活經驗的外地人（就像是主持工作坊的手繪地圖推動委員會）一起加入工作坊，在街上漫步與當地人對話，發現當地的獨到之處。只靠當地人，是無法發現不同於其他地方的特色；但同時只靠外地人，也沒有管道得知當地的趣味性與高密度的資訊等。換句話說，讓「當地人的資訊量」與「外地人的觀點」產生化學反應就是訣竅所在。

接下來將介紹的案例，有位在北海道惠庭市的新市鎮惠野所製作「你為什麼來惠野？」地圖，以及在千葉市稻毛區製作的「你所不知道的稻毛工廠地圖」，作為透過結合外地人的觀點，發現當地人未曾意識到的全新切入點（魅力）。

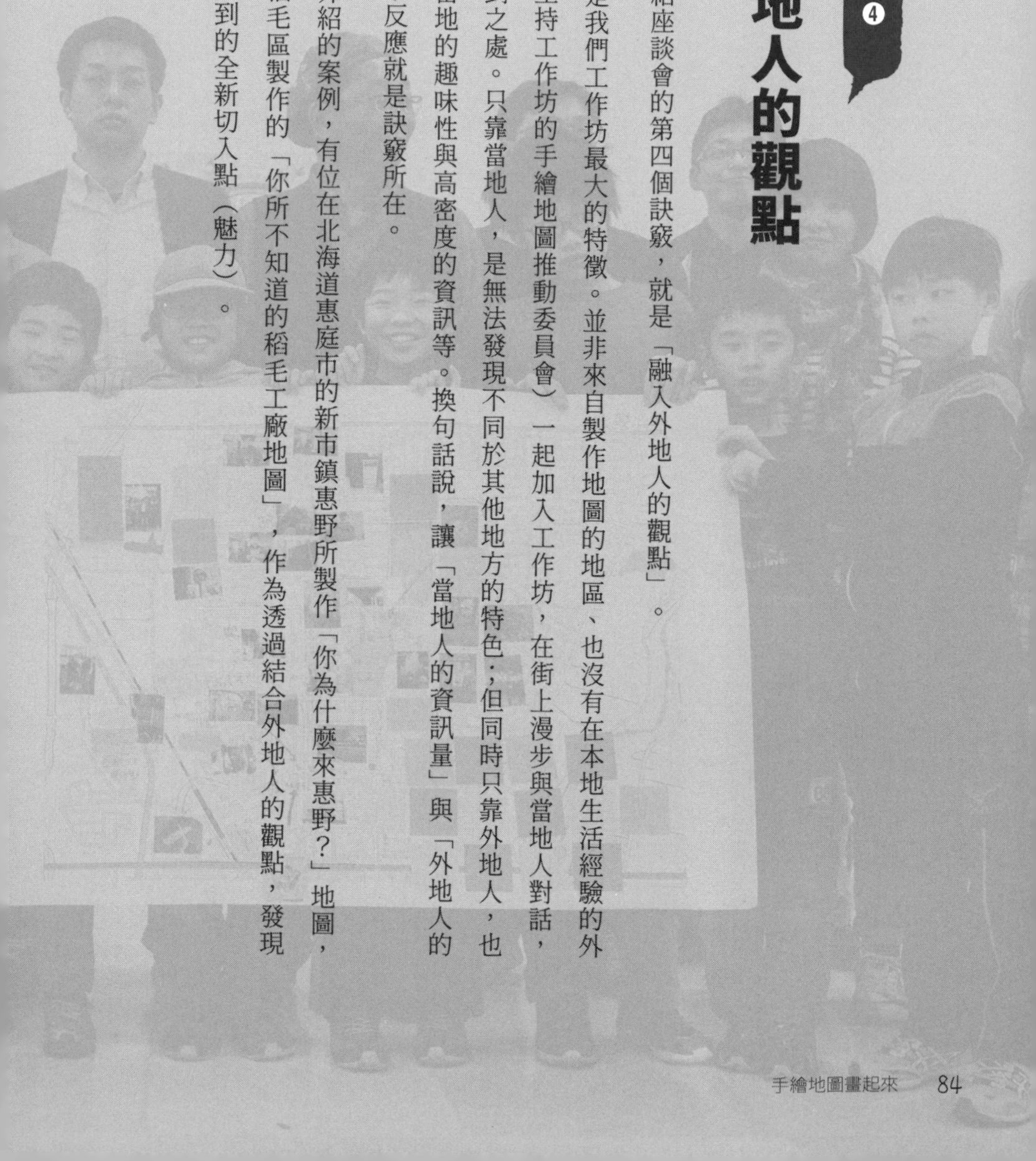

CASE STUDY

你為什麼來惠野？地圖（北海道惠庭市惠野）

「從平凡無奇到充滿魅力」的郊外住宅區！

缺乏歷史的新興住宅區，如何發現別處沒有的獨特魅力

惠野是在一九七九年時，作為札幌都市圈新市鎮所開發的新興住宅區。這座從閑靜住宅區向外發展的城市，現在已經有超過五千戶居民，惠野車站前有方便的商店街，住起來相當舒服。但我們發現，這個區域並不像我們過去舉辦手繪地圖工作坊的其他地方，是找不到大家熟悉的神社佛閣或是歷史古蹟。這也是理所當然，畢竟這座市鎮在四十年前並不存在，當時這一片幾乎都是農地。平常舉辦工作坊時，可以從當地人口中聽到的傳說或歷史轉化成獨特魅力，但這個方法卻在惠野行不通。

總之先聽當地人怎麼說！

座談會中出現一個又一個商店街名店的故事，但還是在不知道該以什麼主題製作地圖的情況下，在午餐時間我們與當地居民（包括孩子們），一起去湯咖哩店「Lisbon」吃飯。餐後訪問了老闆相原先生，在聽他敘述開店準備故事時，手繪地圖推動委員會的跡部研究員發現了一件有趣事情——大家都是自己選擇搬來惠野。

這些老闆都不是原本就住在這裡的居民，而是自己選擇從某個地方搬到這塊土地，而且還開店。

身為惠野商店街會長的烘焙坊「孔雀」老闆小笠原先生，把他建檔留存的開發區傳單與廣告拿給我們看，這些就是他從這座市鎮感受到可能性，決定搬來這裡開店的契機。經營「胡蘿蔔」這間出色咖啡店的內倉真裕美女士，也告訴我們她視察紐西蘭時，發現了園藝的可能性，開始與同伴一起打造自己的庭園，這個由居民發起的庭園，現在成了觀光名勝，甚至還變成觀光巴士的停靠站。這些全都是移居惠野的人，從零開始自己創造的魅力。

我們與當地人一起拜訪惠野的重要人物，四處訪問關於這個地區的故事，大家就逐漸聊了開來：「我第一次聽某某人說他選擇惠野的理由！」、「話說回來，我也是看了那份廣告才搬來這裡！」。新興住宅區既沒有土地的古老傳說，也沒有歷史古蹟，但不要把這個面向當成缺點，正因為是新興住宅區，所以「選擇搬來這座城市的人們的故事」，這件事本身才會成為帶來城市趣味的魅力。價值觀在這一瞬間轉換，說不定這將成為展現惠野的絕佳切入點。

根據這個切入點製作的就是「你為什麼來惠野?」地圖。從這個案例中可以發現，地方存在著外地人才看得見的價值，而擁有深入挖掘這個價值的地方網絡，才能發現當地的魅力。（翻到第九十六頁來欣賞這張地圖吧！）

接下來再介紹另一個也是從「平凡無奇」變成「充滿魅力」的例子。

烘焙坊「孔雀」的老闆小笠原先生，給我們看他慎重建檔的當時傳單。

CASE STUDY

你所不知道的稻毛工廠地圖❶（千葉縣千葉市稻毛區）

發現被忽略的工廠中其實充滿趣味

將地方上被刻意忽略的事物，轉變成全家大小都興致勃勃的體驗裝置

這是我們在千葉市稻毛區舉辦工作坊時的故事（詳情將在下一章「外出取材去」中更詳細介紹）。稻毛區住著許多往千葉市中心與東京都心通勤的人，是一座生活機能齊全的城市。其中一組參加工作坊的成員，將「養小孩與毛小孩的人不可不知的稻毛魅力」為主題製成手繪地圖，但另一組卻遲遲無法決定主題。總之他們先去鎮上走走，這時來自外地的參加者突然開口問道：「這裡有很多工廠，這些工廠是做什麼的呢？」

其實當地人也不知道答案。或許是因為這些工廠明明設在當地，大家卻都認為與自己無關吧？工廠幾乎都被高牆圍住，無從得知裡面的狀況，而且容易成地方上的嫌惡設施也是事實。於是這個小組決定到處拜訪工廠，了解他們製造的產品。

他們參觀之後才知道，這些至今都被刻意忽略的工廠，原來是製造瀝青或起司等產品的工廠。這個小組的小鎮漫步，彷彿成了「大人的校外教學」，他們不只將工廠的特色等寫在地圖上，甚至還不斷擴大主題，討論

起「既然本地的工廠這麼有趣，不如來規劃工廠參觀之旅？」

由此可知，即使是被當地人忽略的元素，也能因為引進外地人的觀點而被發現，成為這塊土地的魅力。我們主持工作坊最大的價值，或許就在於帶來這種「外地人的觀點」。

彷彿就像紅鶴一樣，竟然有這麼萌的重機械景點！（二〇一五年十二月）

「你所不知道的稲毛工廠地圖」，這張在工作坊製作的圖畫紙中表現出，從至今一直被當地人忽略的工廠中發現的驚奇。

①立科ゴルフクラブ
浅間山方向の眺めがgood
Nice Vei~ ~!!
16番ホールがオススメ!
馬場池
昔は馬場でした。
②馬場池
夏は緑がキレイ
④無量寺
二年参りの必勝パターンの1つ(十宮諏訪神社)
屋根とか凄い
無量寺の八地蔵
大型車注意!! 屋根にかかるくらいの桜です
③桜のトンネル
立科町民イチオシスポット!!
車も恐縮して通るくらいキレイ
夏はホタルがたくさん
ホントはおしえたくない キレイなのあ~ スポット!
「ファミリーレストラン 笠取」
ウワサ① ソースカツ丼が絶品らしい
ウワサ② 営業時間未定 入れたらラッキー
ウワサ③ 実は、ラーメンもおいしい
駐在所
美容院Sept
茂田井で1番オシャレな建物!
⑯石割坂
中山道をふさいでいた大きな石をわって道をつくったことから石割坂。ワイルド~!
写真のはじからはじまで 山!山!!山!! ときに田んぼ
見上げると養蚕のなごりが~
⑳ふるさとの見える丘
マネしないでね!
冬…一面の氷
サイコロをふって、でた目の数だけ氷の上を渡るという危険な遊びに夢中になった少年時代
てっぺん
小学生が通学中に競争する道
⑮ここからの眺めgood!!
無量寺まで一直線
タイミングが良いとヤギに会える
⑱商人久保
そば畑
⑲ブドウ畑
㉑オレゴンからきた
米松
日本では数本しかない
まさか!? ソーラーパネルの下にニワトリ!?

所有參與工作坊的人一起製作的圖畫紙地圖「如畫般的小鎮——茂田井」。

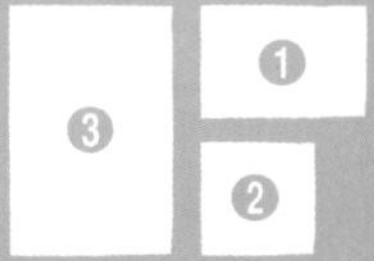

❶「茂田井地圖」——是手繪地圖創作家根據在工作坊中製作的圖畫紙地圖，重新繪製的立科小道消息地圖系列之一。

❷ 首先將從各個地點採訪到的內容，分別寫在大張的圖畫紙上，從中進行製作地圖的選擇取捨。

❸ 隆重完成！看了這些地圖才知道，翻譯成其他語言時，名稱和與語感不是那麼簡單。

立科東部西部
EAST-WEST
白樺高原
SHIRAKABA HIGHLANDS
茂田井
MOTAI
中山道
立科南部
SOUTH

❶ 全球獨一無二手繪地圖，寫滿了特色話題，發表會上也笑聲不絕於耳。

❷ 手繪地圖也獲得街角交流會館工作人員的好評！我們執意贈送委員會的手繪肖像畫簽名板。中央是在全神貫注製作時大顯身手的江村康子研究員。

❸ 旅客服務中心放著各國語言的手冊，委員會的成員也再次感動。

❹ 環保袋的設計也使用了立科町的手繪地圖。

❺ 協助我們舉辦工作坊的手繪地圖推動委員會佐藤遙小姐也露出笑容。

（長野縣立科町）

茂田井

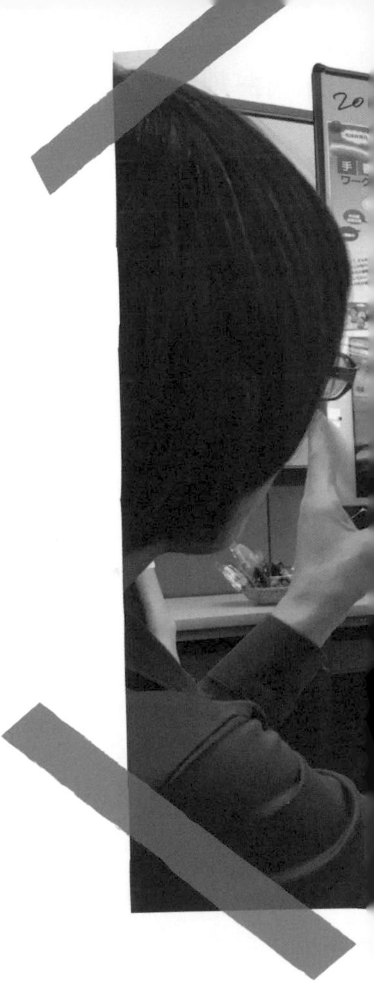

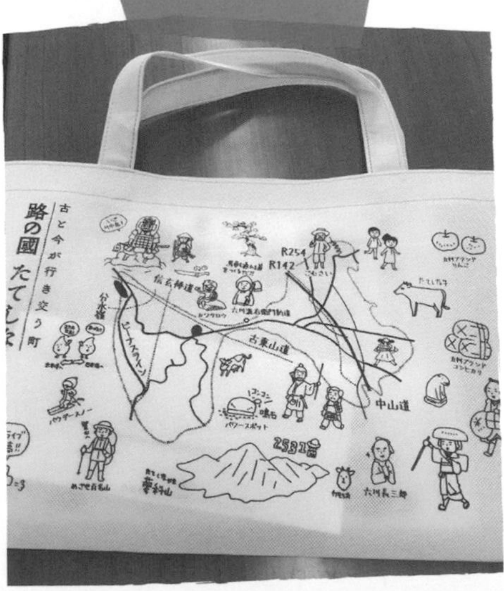
路の國
たて
古と今が行き交う町
R254
R142
信玄棒道
分水嶺
古東山道
中山道
パウダースノー
パワースポット
鳴石
蓼科山
六川長三郎

茂田井

③ ①

④ ②

❶ 手繪地圖推動委員會根據草稿的圖畫紙，重新製作並發放的「你為什麼來惠野？」地圖。地圖中介紹了每個人選擇來惠野的故事（插畫：專業手繪地圖創作家江村康子研究員）。

❷ 大岡國小六年二班同學製作的「弘明寺笑店街 MAP」，與調查完成製作的第一份地圖相比，除了調整主題，同學們甚至在地圖上畫了受訪商店街老闆們的肖像畫，變成一份充滿手感溫度的地圖（神奈川縣橫濱市）。

❸ 手繪地圖的魅力就是不分男女老幼都能一起參與（山形縣遊佐町・二〇一七年十月）。

❹ 工作坊結束之後，大家舉起畫在圖畫紙上的手繪地圖拍下紀念照。孩子們也發現了這個地方的趣味性（北海道惠野・二〇一六年四月）。

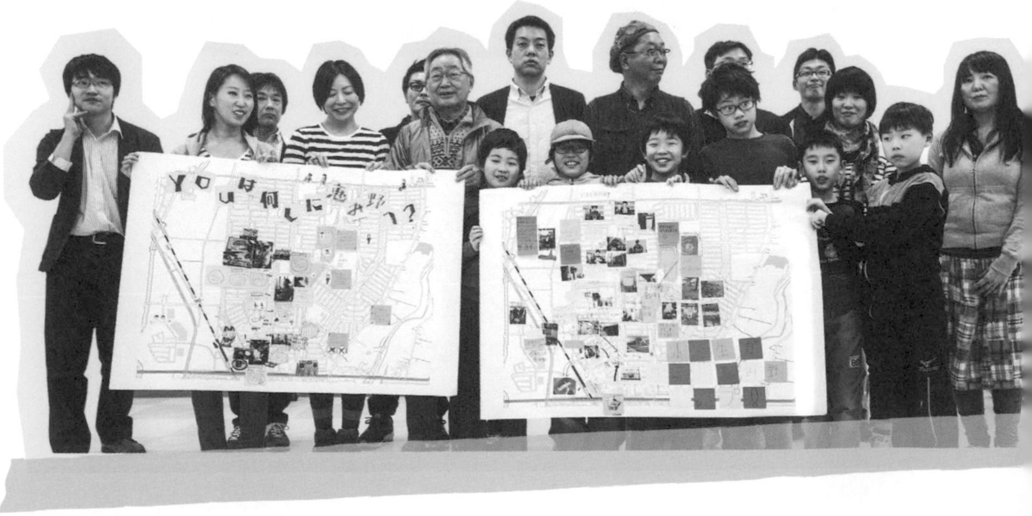
YOUは何しに恵み野へ?

取材ノート
小学校名：
名前：

❶ 從拿到採訪筆記本的那一刻，就開始士氣十足！
❷ 專心聽說明的小記者團。
❸ 默默地寫著筆記的小記者團。
❹ 採訪筆記中寫滿了獨家消息……
❺ 充分發揮團結力與機動力的小學生記者團。野馬追的武士也嚇破膽！（福島縣南相馬市）

大山ふもとMAP
清水屋~石倉橋
大山街道
高梨はる菜
さとうはるか
小島奈津絵
宮崎夕
大内征
米屋
きゃらぶき
お茶のめる
世界進出
デカ盛りかき氷
大山駅
とまれパンダ
みぎをみて
ひだりをみて
首の動きがおもしろい
大山唯一の信号
5秒で変わる?!
(ほぼ青だよ~)
ワニ
大山の天然水使用のたい!
茅野市から運ばれてきた!!
御柱
橋のところに
大山コマの絵~!!!
(鳥verもあるよ)
ホタルがいます!!
大滝さんがたくさん!!!
道了坂
それほど急な坂
<新道>
坂が急すぎて
木炭バス登れず…
乗客がバスを押して登った!
優しい!!
お菓子のカラが
短冊みたいに
かざってある☆
大山名産
「大山菜」
からしなの仲間。少しピリッとする。
「とうふまつり」つけもの」に
使う。1~3月につけこむ。
(静岡にもあり!?)
木の大刀
樹齢1000年
道端に売ってるよ
あまーいかき
子易
落ちている葉っぱ
もってると
幸せになれる♡
ナギの葉っぱ。
これでも、針葉樹。
今は禁止…
細くなりすぎた…
神社の杜を
削ってお守りに
元気な赤ちゃん
産まれますように
鉄カゴでガード
比比多神社
(子易大明神)
明神前
産能大へ
石倉
文字どおりの
「山そば」
大食漢はぜひ挑戦下さい。
(チェイ!!)
探してみてね♡
(玉垣に)

❷ ❶

❶ 如此混亂又如此出色！以橫式、呈現出地方範圍感所完成的「大山腳下 MAP（橫式）」。

❷ 請看！以少見的直式、將地方最重要的大山置於範圍的外側，更強調山腳下豐富生活的「大山腳下 MAP（直式）」。（神奈川縣伊勢原市）

❶ 寫出靠自己雙腳尋訪得來的資訊，充滿快感！

❷ 將手機上的採訪資訊，認真地用雙手寫出紀錄。

❸ 大家共同編織出跨越世代與性別的交流時光。

❹ 發表與分享的樣子。

❺ 在伊勢原市舉辦的工作坊中所完成的圖畫紙地圖，再經由專業的地圖創作家重新繪製，完成的「大山腳下 MAP」（正面）在這裡！（插畫：專業手繪地圖創作家：naohiga 研究員）。

（神奈川縣伊勢原市）

❶
❷

❶ 大家在座談會中，熱烈聊著童年時代的回憶。
❷ 原本氣氛安靜的大人，結束時也露出這樣的笑容！
（千葉縣稻毛區）

第3章 外出取材趣的要訣

地圖製作要訣
就取決於漫步小鎮的樂趣！

上一章介紹了座談會（作戰會議）的訣竅，接著在本章將說明田野調查的技巧，也就是採訪的方法。讓手繪地圖變得有趣的採訪秘訣非常單純，簡單一句話就是「享受漫步小鎮的樂趣！」，但其實要「專注於享受樂趣」卻意外地困難。目的地比想像中遠、在意旁人的眼光而無法感受趣味、太過吵鬧惹怒居民、因為沒有廁所只好中途脫隊……等等，如果這些意外狀況容易毀了漫步小鎮的樂趣，最重要的手繪地圖也就畫不成了。主辦單位為了讓當天在有限時間內進行的採訪順利而且有意義，事前準備可不能偷懶。接下來將整理出，讓參加者全心全意享受小鎮漫步所不可不知的要訣。

在田野調查來場
甜點巡禮吧！

從另一個角度看熟悉城鎮的採訪訣竅

小鎮漫步的編組與訣竅

編組是首先必須掌握的最重要基礎，重點是將參加者分成多個小組，每組至多三至五人。如果行動時隊伍浩浩蕩蕩，後方的人就很難理解前方的人分心停下腳步或走進岔路的樂趣（反之亦然），以大家都能聽到閒聊內容的小團體規模最為合適。此外，市街或商店街經常是人來人往、車水馬龍的環境，如果聊得太開心，可能會撞到別人或變成路障，必須小心，就這點來看，人數少一點也比較好。

分組時基本上如同前述，根據想畫的主題來分。但如果作戰會議時，一組裡有好幾個擅長帶氣氛的人，或是反過來整組都很文靜、熱鬧不起來，主持人也可以果斷地將帶氣氛的人分散到不同小組，調整各組平衡。

如果工作坊中有人擔任地方的觀光導覽志工，或是從以前就住在當地等，為了讓這些熟知當地情報的人有充分表達的機會，最好將他們平均編進各小組。

主持人的任務

主持人或協助者為了平均注意組內的每一個人，與小組一起在街頭行動時，要扮演什麼都不懂的角色，選擇造形有趣的雕塑、自古以來就存在的無名地藏菩薩、老舊的招牌等，將當地居民看慣的日常風景或容易錯過的事物，當成共通話題來讚嘆「這是什麼？形狀好有趣喔！」，利用頻頻驚嘆「這個真有趣！」（而且語氣要超乎想像地誇張！這點很重要）讓所有人在散步時，重新把焦點擺在「已經刻意忽略的事物」上。

主持人透過營造什麼都很有趣的氛圍，讓所有參加者覺得「原來說什麼都可以！」也很重要。因為大家就不會再擔心「別人好像會說：『我早就知道了』」，或者「再繼續問下去，也只能得到模糊的答案吧？」、「聽到的只是小道消息，無法確認真實性」等，幫助話題逐漸拓展。

換句話說，邊走就會邊自然而然地破冰、腦力激盪、想搞笑橋段（？），如果還能彼此開玩笑更是求之不得。

有時候不管事先擬定多麼縝密的企劃，當天的發展還是會偏離到出乎意料的方向，但這也是一種樂趣，要偏就偏吧！如果只以事先決定的活動、場所為目的，匆匆忙忙跑完行程，也可能錯失新的發現。請保有充足的

進行田野調查時，在市區愉快採訪。（仙台市連坊，二〇一七年九月）

空間，遇到感興趣的事情就停下來思考、討論、發揮想像力。

怎麼樣呢？還是不知道該從何下手才好嗎？那麼接下來，就介紹委員會在工作坊中實際當成話題的五個案例，提供稍微具體一點的提示。

提示❶ 提高地區解析度的關鍵字

大致將小鎮漫步的重點關鍵字，分成①都市、住宅區；②農村、山村區；③港口、漁港、河川區來介紹。像是在①都市、住宅區經營小生意的店家，就對商品、其他店的老闆、地方的風景等知之甚詳，是故事的寶庫。除了這裡舉出的例子之外，如果還有其他靈感也不要猶豫，成為好奇心的化身吧！

當然，請小心不要擅自進入危險場所、禁區或是私人土地等。採訪時也請視情況請求對方協助，或者也可以事先詢問對方是否接受採訪。

蓼科孩子走出來，尋找本町好去處！手繪地圖工作坊在無量寺採訪。（長野縣立科町，二〇一七年七月）

KEYWORD

提高地區解析度的關鍵有哪些呢？

❶ 都市、住宅區

老店　舊招牌　町名
知名大叔　活招牌（女店員）
招牌　已經沒在用的櫥窗
居酒屋或中華料理店
簡餐店的有趣簡餐與丼飯
老咖啡店　甜點店
澡堂　魚販　菜販
肉店的可樂餅
炸火腿（推薦買來吃！）

❷ 農村、山村區

神社與寺院　指路神
田地種什麼呢？
（好多美味的農作物，種的人是誰呢？）
舊標示　私房櫻花隧道
灌溉用水路從哪裡通到哪裡呢？
什麼時候打造的　成為暗渠的河川
當地名士的雕像與石碑，以及由來
學生通學路　地名的由來
野生動物棲息區　大樹（神木）
太陽從哪裡升起？在哪裡西沉？
祭典與祭祀活動等

❸ 港口、漁港、河川區

現在與過去的船塢及港口　祭典
漁港的工作　能夠抓到什麼呢
船員上岸後會去的酒吧與小酒館
古早地名的由來
祈禱風調雨順與航海安全的神社由來
地藏與石碑　關於二次加工業
西餐店與簡餐店的美味招牌料理與秘密員工餐

提示❷ 參加成員的特質各不相同

為了讓男女老幼都能在田野調查中獲得充分的樂趣，關於參加的成員有幾件事情需要注意，事先了解各個年齡層的特質，以及必須協助的重點，合力製作出的地圖就更能突顯成員的風格。

銀髮世代

從以前就住在當地的長輩是非常重要的成員，他們即使不擔任導覽志工，光是從小就住在當地，有著「我小學的時候這裡是這個樣子」等個人的故事就能發揮價值。他們應該有很多故事可以說，比如現在變已成暗渠的小河，過往可以釣到什麼樣的魚等等。

主持人盡量透過問題解放他們的記憶，側耳傾聽他們的故事吧！長輩們不只熟知古蹟與當地的歷史，還有活生生的個人經驗，是偏愛觀點至上的手繪地圖推動委員會最歡迎的成員。

小學生等孩子們

考慮孩子們的體力，請務必攜帶水壺。基本上孩子們都很害羞，主持人請多跟他們說話，關照每一個人的需求，不能只把注意力擺在口才好的孩子身上，必須營造想去廁所或身體不舒服的時候，可以不須忍耐、立刻

前往店家訪問。（長野縣佐久市望月，二〇一三年十二月）

說出來的氣氛。

田野調查時請保留充分的時間作筆記，行動範圍與所需時間也盡可能充裕。像是將低年級與高年級混編在同一個小組裡，讓高年級的孩子帶頭也是不錯的方法。

提示③ 利用路途中的活動破冰吧！

田野調查的路上，絕對比乖乖坐著討論的座談會，更容易讓大家熟稔起來。為了在之後的製作地圖時發揮團隊力量，當然得好好利用這段時間。雖然只是走路也能自然創造容易對話的氣氛，但如果再加上品嘗美食的樂趣，更能讓大家不由自主露出笑容。

一起吃午餐

參加者或許在工作坊中才初次見面，為了營造能夠輕鬆發言的活潑氣氛，安排上、下午都有行程的整日活動，讓大家一起吃午餐，作為團隊打造的一環，是個不

買可樂餅時順便訪問老闆的赤津、大內兩名研究員。（山形縣天童市，二〇一三年十一月）

參加的孩子採訪富士姬饅頭。（長野縣飯田市遠山鄉，二〇一七年八月）

委員會的成員親自拜訪烏龍麵名店。（埼玉縣都幾川，二〇一三年十二月）

川村、荻原兩名研究員，在採訪中比賽誰拍的照片更能掌握特色美食大山野菇咖哩的特色。（神奈川縣伊勢原市，二〇一七年九月）

錯的策略。午餐可以選擇採訪的名店，也可以選擇在路旁偶然發現的店家。

我在某次的工作坊中，與來參加的家庭主婦們，一起走進女性獨自一人不太會去的簡餐店，結果大家開心地表示：「雖然知道這家店，卻是第一次走進來，結果意外地分量充足又美味。」老舊咖啡廳或許也同樣有趣，比起連鎖店，請盡量選擇從以前就在當地營業，老闆看起來有個人特色的店家，當然也不要忘記採訪。

稍事休息的點心時間

問問老闆：「這家店從什麼時候開始？」、「店裡最有名的是什麼？」、「店名的由來是什麼？」等等，但最好避開尖峰時段，如果問得有技巧，老闆也會開心地將這些資訊告訴我們吧？如果可以，也請拍下店家的照片。（但不要忘記徵求老闆同意呀！）

此外，正因為是難得的採訪，更應該試著放膽去點特殊菜色，譬如感興趣的巨無霸料理、當地限定或期間限定的口味等等，不要去點平常就會吃的東西。這些特

在長野縣飯田市遠山鄉，工作坊成員在當地知名雜貨店吃剉冰休息。（二〇一七年八月）

在靜岡縣三島市採訪的赤津、大內研究員。（二〇一三年十一月）

委員會的成員，只要遇到鯛魚燒名店就一定會去看看。（長野縣佐久市，二〇一三年十二月）

殊菜色不管好不好吃，都能更加增添樂趣。也很推薦在途中買些小點心來吃，比如鯛魚燒、可樂餅、剉冰、冰淇淋、章魚燒、炸肉餅、糯米糰、甜不辣、涼粉等等，這些小點心能讓大家彷彿回到學生時代，熱熱鬧鬧地邊吃邊聊。

提示④ 有備無患：隨身物品、記錄、輔助路線

為了最大限度享受難得的小鎮漫步，不可缺少仔細的事前準備。最重要的題材搜集也必須確實進行，才能避免留下遺憾。

準備好走的鞋子、雨衣等，田野調查時如果因為鞋子不合腳，導致走路變成折磨，那就太可惜了，雖然不是遠足，也請選擇熟悉、好走的鞋子，像運動鞋是最安全的選擇。此外，一旦走出門，就必須應付天氣的突然變化。雖然在都市地區的採訪，可以中途走進便利商店等購買雨具，但如果有降雨的可能性，最好事先準備好。我們也曾在田野調查時，走進寺廟或店裡躲避夏天的驟雨，但等待雨過天晴也是另一段愉快的時光。請各位從容體驗各種狀況發生的樂趣。

田野調查要記得自備水壺！（長野縣飯田市遠山鄉，二〇一七年）

採訪時在津金寺躲避午後雷陣雨。（長野縣立科町，二〇一六年八月）

水壺與飲料也很重要！當小學生之類的孩子參加時，尤其必須叮嚀他們準備水壺，並經常敦促他們喝水。同樣地，也必須預留上廁所的時間。如果參加者是大人，夏天時可以準備瓶裝飲料。

和前面提到的躲雨一樣，如果口渴了，走進咖啡店也是一種樂趣，遇到這種情況時，請均衡地調配行程吧！

關於記錄

散步時會出現許多感興趣的事物，有時甚至來不及做筆記，這種時候建議先用數位相機或手機拍起來，製作地圖時就能順著相機的紀錄時間確認照片。所以如果遇到感興趣的東西，就盡量拍下照片取代筆記吧（之後再刪除就可以了）！手繪地圖推動委員會也在工作坊中準備小型列印機。製作地圖時，也能將拍下的照片印出來使用喔！

至於沒有手機或相機的中小學生，可以請他們攜帶畫板，邊採訪邊畫下簡單的插圖。照片則由主持人幫他們拍起來。

跡部研究員正在記錄山豬肉串燒。（長野縣佐久市，二〇一三年）

當場畫下感興趣的事情。（長野縣立科町，二〇一七年七月）

如果調查的點分散在較大的範圍就開車。（長野縣立科町，二〇一六年九月）

關於撤退路線與開車輔助

步行的距離、規劃路線的方法等，在都市區與農村區截然不同。都市區的田野調查，或許可以在全程可步行的範圍內，設計與實行；但在農村區與山區，點與點的距離可能就很遠，有時候或許比較適合開車移動。

主持人在設計方案時，必須事先考慮田野調查的規模。如果開車移動，先設定幾個集合場所，同行的主持人與司機（最好是其他工作人員）之間可以透過電話聯絡。行動的路徑最好事先規劃，調查時間最長不要超過三小時（如果是孩子參加，時間要更短）。委員會的行程通常是上午出發，吃完午餐之後回到據點，下午開始製作地圖。

如同前述，農村與山區的行動範圍可能較大，必須開車輔助接送。因此也必須先在田野調查的行程中，想好撤退的路線與方法，萬一有人突然不舒服才有辦法處理。

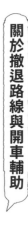

除此之外，如果行程排得太趕，也會變成只是走馬看花。如果在前一個地點聊得太開心，導致停留時間延長，乾脆地跳過後面的行程也很重要，行程千萬不能太勉強！

提示5 人有歷史，所以有趣

最後逐漸加深的採訪提示是採訪時最重要的心法——如何放大對「人」的興趣。現在或過去住在當地的「居民」，才是繪製手繪地圖時最重要的關鍵，是讓地圖更有味道的泉源。

無論是白手起家的事蹟，還是代代相傳的故事，想像當地的產業與買賣累積起來的歷史「偉業」非常重要。地圖上不只記錄自然環境、在地信仰、餐廳的招牌菜、田地與神社佛閣等單純的「事實」，採訪（相關）人物能讓地圖的趣味度提升好幾倍。

積極訪問商業與農業等自己不知道的職業，也能帶來樂趣。發現下一個好奇心的對象，也是田野調查的精髓，「哇，我以前都不知道」當這一類的私房話題隨著採訪開始在小組內分享時，即使大家初次見面，團隊的羈絆也能逐漸加深，採訪也會變得越來越有趣！

赤津研究員在青森縣八戶市的洋酒喫茶 Prince 居酒屋，認真地進行訪問。（二〇一三年十二月）

委員會的成員為了讓採訪更愉快而仔細調查。（東京都澀谷，二〇一五年六月）

田野調查是難得的機會，可以聽到日常生活中不容易聽到的事情。不要忘記尊重採訪對象，把問題大方地問出來，盡情享受採訪的樂趣吧！

不同的對象以不同方式享受採訪！

看完前面介紹的五個提示，大家都知道該如何享受採訪的樂趣了嗎？

從下一節開始，將介紹三場我們實際舉辦過的手繪地圖工作坊。請大家根據這五個提示，看看不同參加者組成的團隊，分別如何享受採訪。

案例一：靠著「多世代的採訪」發掘地方不為人知的記憶（山形縣遊佐町）。

案例二：曾經的少年少女在「大人的採訪」中激發好奇心，彷彿回到童年的樣子（千葉縣千葉市稻毛區）。

案例三：介紹主辦單位如何照顧孩子，激發他們的士氣，讓「小朋友的採訪」熱鬧進行（福島縣南相馬市）。

請注意這三種不同組成的團隊，如何運用不同的訣竅，炒熱採訪的氣氛。

提示 ❶
提高地區解析度的關鍵字

提示 ❷
參加成員的特質各不相同

提示 ❸
利用路途中的活動破冰吧！

提示 ❹
有備無患：隨身物品・記錄・輔助路線

提示 ❺
人有歷史，所以有趣

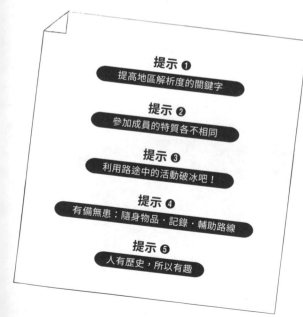

採訪技巧　其❶

多世代的採訪：穿越回到過去的記憶

採訪的樂趣會隨著對象地區與團隊的組成而改變，第一個介紹的採訪技巧，就以多世代團隊的採訪為案例。這個團隊最年輕的成員只有二十多歲，最年長的則有七十至八十歲，平均年齡是歷屆工作坊中最高。從年輕人的角度看，這些爺爺奶奶們口中不為人知的地方回憶，是素材的寶庫。在這次的採訪中，可以看到年輕人的幽默感，與長者口中源源不絕的回憶彼此相乘，讓地方的特色能夠不斷浮現。閱讀時，也請注意五個提示的活用方式。

多世代團隊 × 五個提示

❶ 地方的關鍵字
▼
當時的「職業」「屋號」「家屋設計」

❷ 參加成員的特質
▼
七十至八十多歲的大前輩世代 X 年輕世代產生的相乘效果

❸ 路途中的活動
▼
復活！！馬糞饅頭

❹ 隨身物品・記錄・輔助路線
▼
節省採訪時間的小工具「家屋設計貼紙」

❺ 人與歷史
▼
挖掘回憶是傳承給年輕世代的接力棒

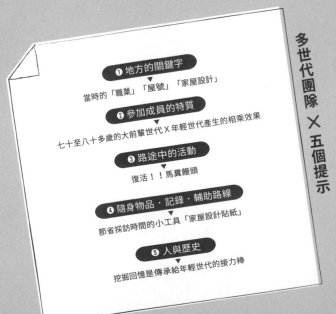

CASE STUDY

四張十日町通回憶 MAP（山形縣遊佐町）

想把三十年前的商店街記憶，留在手繪地圖上

遊佐町地處山形縣的「前額」，面對著山形縣與秋田縣交界的日本海，也位於日本東北地區數一數二的名山——鳥海山的南麓。因為這樣得天獨厚的地理位置，本町無論山產還是海產都很豐富。更重要的是，鳥海山麓廣闊的庄內平原與湧泉，更讓這裡成為盛產稻米的地方。

我們在「不管什麼食物都很美味」的遊佐町，舉辦手繪地圖工作坊的契機，源自於遊佐町地方振興協力隊的加藤未來小姐，於二〇一七年五月的諮詢。她希望以重現一九五〇年代的街景為主題，製作不只反映「現在」，也回顧「過去」記憶的手繪地圖。

為什麼想要重現過去的街景呢？

一九五〇年代是這個區域與周圍的村子合併，形成「新遊佐町」的時代。當時遊佐町的中心位於「十日町」地區的十日町通。這條街上曾有各式各樣的商店，幾乎能夠滿足所有需求，是一條非常熱鬧的商店街。加藤小姐或許也希望透過在手繪地圖上保留當時的街景與文化，留給今天住在這裡的下一個世代某種啟發，成為他們

雖然是日式饅頭，
卻叫馬糞……
BAFUN

思考地方未來的契機吧？

主題有四個，工作坊參加者的平均年齡歷屆最高！

當天鎖定四個主題製作手繪地圖，分別是一九五〇年代的遊佐町的「屋號、職業、歲末市集、家屋設計」這四個主題，是遊佐町地方振興協力隊的加藤小姐，與遊佐地方營造協議會的成員，事先與報名工作坊的參加者討論，從眾多主題當中精挑細選出描述當時情景所不可或缺的重點，是提高地方解析度的關鍵字。

參加者多為一九五〇年代時擔任社會中堅的世代，現在雖然已經七十至八十歲，依然精神飽滿。這些人生的大前輩回憶起當年的事情，依然像昨日一樣清晰。除了這些前輩之外，現在居住於遊佐町的當地年輕世代、手繪地圖推動委員會的成員也一起加入，混和編成四個小組。委員會成員負責以外地人的觀點，挖掘當地居民在日常生活中因為太過理所當然、而不容易發現的地方魅力。座談會中的討論卻是失算的地方。我們因為聽不懂道地山形話，座談會只好在當地年輕成員的「口譯」當中進行。唉唉，真是太困難了！接下來終於要以座談會得到的結論為基礎，展開田野調查！

雖然平均年齡最高，卻是最強的工作坊成員！當時的熱情至今不減！（二〇一七年十月）

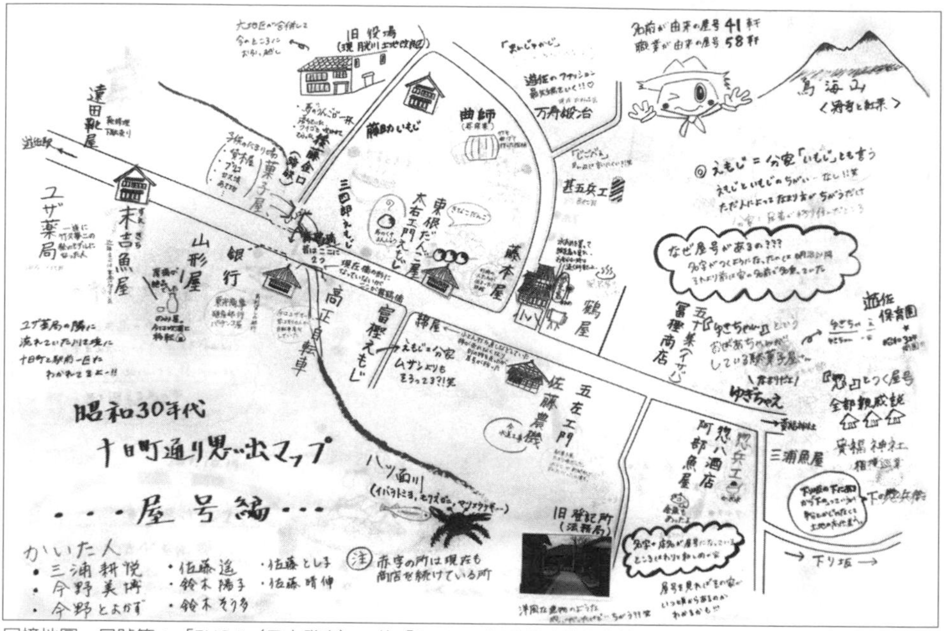

回憶地圖・屋號篇：「EMOJI（日文發音）」的「EMOJI」似乎是兄弟分家的意思。
真的是相當高程度的山形方言呢！（笑）

回憶地圖・屋號篇

抽取出記憶的經典台詞「遮系誰的屋啊？」

大家知道什麼是「屋號」嗎？「屋號」是遊佐町各家除了「姓」之外的另一個稱呼（當然除了遊佐町之外，日本應該也有不少地方至今仍使用屋號）。不少人至今仍以過去的屋號自稱，打電話給當地人的時候，似乎也有很多人不用姓，而是用屋號彼此稱呼。

話說回來，所有日本人都有「姓」是明治時期以後的事情，在這之前，只有特定的人被賜予姓氏。所以過去每個人都為自己的家取名字（屋號），代替現在的姓稱呼自己。而受到這樣的習俗影響，現在也有使用屋號的文化。

負責調查屋號的屋號地圖小組，在座談會時先確認每一家的屋號，再前往田野調查。本節開頭的

「遮系誰的屋啊？」就是「這裡是誰家？」的山形方言。現代經歷了道路拓寬等工程，部分街道已經與一九三〇年代有所出入。因此採訪的時候，就由熟知當時狀況的成員回溯記憶，一戶一戶穿越時空，搜集屋號地圖的情報。在田野調查中，順道拜訪經營柑仔店的「由紀欸兜」買懷舊零食吃，或是因為發現懷念的零食與稀奇的商品，而興奮討論著「我以前沒看過！」或「好懷念啊！」等，也是手繪地圖推動委員會田野調查的特色。

現場對照的調查結果，源自於名字的屋號共有四十一戶，源自於當時職業的屋號則有五十八戶。

採訪現在也經營柑仔店的「由紀欸兜」，一坐下來就起勁地聊著各種八卦，採訪時間都不夠了！

遊佐町十日町通的有趣屋號

- 「由紀欸兜」——柑仔店的屋號。據說最早開始經營的是一位名為「由紀」的歐巴桑，因此她的名字就成了屋號。「由紀欸兜」似乎來自「由紀的家」的鄉音。
- 「萬重治」——可不是開饅頭店的喔（笑）！這個名字來自以前經營的打鐵（鍛冶）店，但現在已經變成服飾店了，完全沒有留下任何屋號的蹤影。由此可知，十日町通的屋號，很多直接來自當時經營的店家與職業的名稱。但有些店現在已經徹底轉型，從屋號完全無法想像賣的是什麼！

註 萬重治與饅頭，在日文發音上近似。

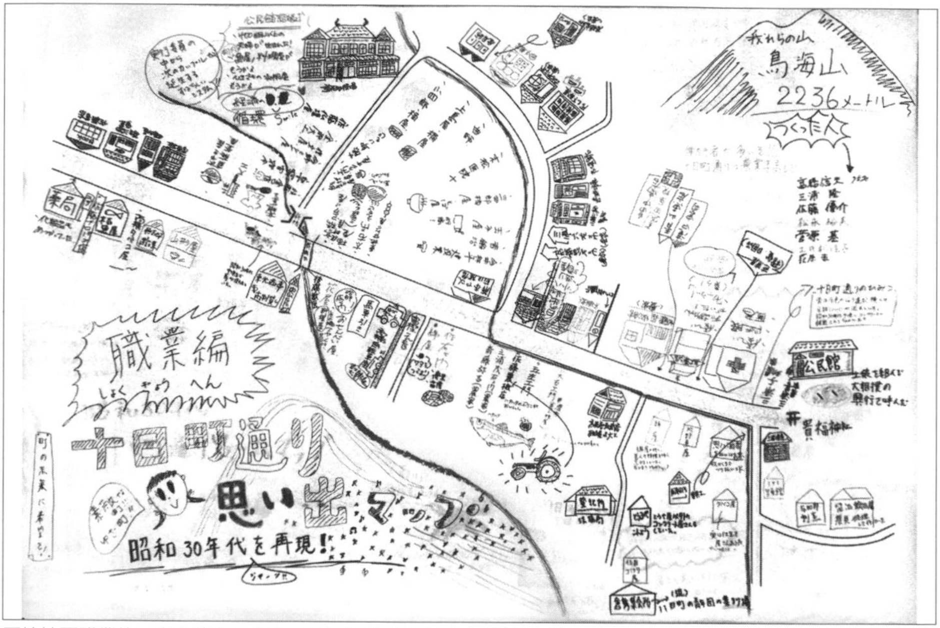

回憶地圖職業篇：當時的公民會館可以辦婚禮，誕生了四百對以上的夫妻。魚販、和服店、回禮店等都因此受惠。

・「信五平」——這是一間理容院，同樣從名字完全無法想像。前兩個字原本寫做「甚五」，但因為對當地人來說，「信五」比「甚五」好讀，屋號就成了「信五」了。像這種鄉音讀法直接變成屋號的家戶也很多。

回憶地圖・職業篇

出乎意料！過去存在的許多有趣職業

職業地圖小組採訪得最起勁的是，打聽當時的遊佐町曾有哪些職業的人。結果發現當時存在著非常多樣的職業。等稻米收成才收帳的酒商、製造及修理農家營生用農具的鐵匠、在沒有汽車的時代負責鎮上運輸的馬車夫，甚至還有醫生、藥局、糕餅店等，生活所需的服務應有盡有，當時鎮上熱鬧的情景也逐漸變得清晰。其中甚至還有幫在這裡經商的人到鄰鎮酒田採購的特殊職業，名稱也很奇特，

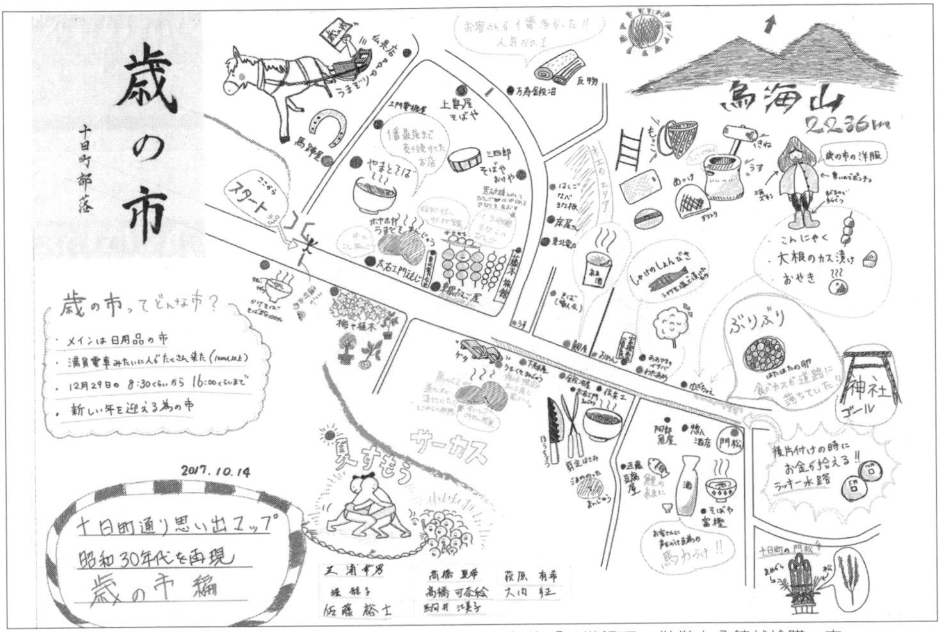

回憶地圖歲末市集篇：歲末市集現在也換地方舉行，復刻版的「馬糞饅頭」僅僅十分鐘就搶購一空。

叫做便利屋（聽說還有幫忙買便當，並直接送到學校的人）！這些現在難以想像的有趣職業，讓年輕世代也聽得津津有味。

回憶地圖・歲末市集篇

遊佐町最重要的年底活動

歲末市集是迎接新年的市集，只在每年的十二月二十九日這天舉行，以販賣日用品為主。市集這天，商店街的路上充滿了人潮，擠得像沙丁魚一樣，看起來熱鬧萬分。現在舉辦的地點已經轉移到遊佐車站前，本小組的採訪則從過去舉辦的地點開始回溯記憶。

一九五〇年代舉辦歲末市集的主要街道，現在已經變成住宅道路，不再是商店街的模樣。但實際來到當地，當時的回憶就浮現出來。「商店街的道路旁邊就是水路，我們以前會在歲末市集結束整理的時候，把掉到裡面的錢撈起來搜集在一起，對吧！」果然除了座談會之外，實際到現場走動也很重要。我們當時心想，如果回到一九五〇年代，也想率先負責會後整理。

照片中的民宅，曾是在歲末市集中販賣日式饅頭的店家，至於饅頭的名稱則是「馬糞饅頭」。為什麼取這樣的名字呢？參加採訪的年輕人提出疑問，而答案似乎是「因為看起來就像馬糞」。採訪之後，加藤小姐根據當時的回憶復刻饅頭，請大家試吃。名稱先不討論，裡面濕潤的甜紅豆餡搭配鬆軟的外皮，吃起來非常美味。

回憶地圖・家屋設計篇

十日町通是匯集職人技術的活博物館

最後介紹的是家屋設計的地圖小組。遊佐町的家屋設計，與當時的居民職業密切相關。我們在採訪中發現，經商的家庭採用的是住家與店面結合的結構，反觀農家的家屋結構就沒有店面的部分。譬如，爸爸是泥水匠，媽媽經

乍看之下普通的民宅，過去曾是日式饅頭店。

現在復刻的「馬糞饅頭」！

住宅與店面結合的標準家屋設計。

過去的商店街現在成為道路。

營街頭理容院的家，或者爸爸是木工，媽媽兼職經營雜貨店。這樣的住家與商店，曾在十日町通櫛比鱗次。

舉例來說，在前頁左下的照片中，左側是居住空間，右側是商店空間。現在雖然已經不做生意了，但確實採用了商店與住家結合的特殊設計。當時這種形式的家屋設計，主要可以分成四種樣式，因此地圖製作小組事先準備四種「家屋設計貼紙」，以便採訪有效率地進行。

透過多世代採訪，實現從過去到未來的傳承

「回憶今天不存在的街景」雖然是地圖製作工作坊少見的形式，但也藉此發現遊佐町至今確實仍有地方社群，繼續使用源自於當時的名稱與職業的屋號。在手繪地圖製作方面，採訪小組由當地年輕參加者、年長參加者，以及具備外地觀點的委員會成員混編而成，不僅能夠得知當時的地方樣貌，也能感受到配合時代的、自由且有彈性的生活方式，以及獲得振興現代遊佐町的提示等。

只包含特定世代的採訪小組，或許就不會有這些「發現」。當時曾存在於地方的熱鬧與趣味，只埋藏於當時人們的腦中太可惜！做成像手繪地圖這種看得見的形式，就能「傳承」給接下來的年輕世代！我們進行的就是這樣的田野調查。

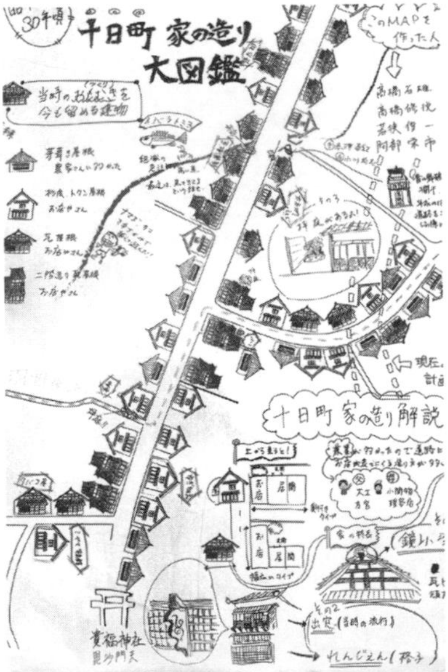

家屋設計篇：現在仍存在約六棟保持當時設計的家屋。

採訪技巧 其❷

大人的採訪：找回赤子般的好奇心

第二個介紹的是「大人團隊」的採訪案例，即使是在這塊土地生活、支撐地方社會的冷靜大人，一旦走出去採訪，也會回歸赤子之心，做出意想不到的行動（笑）。

大人的採訪×五個提示

❶ 地方的關鍵字
▼
身邊的神秘工廠

❷ 參加成員的特質
▼
三十至七十歲的大人內心隱藏的好奇心與童心

❸ 路途中的活動
▼
工廠的突襲採訪

❹ 隨身物品．記錄．輔助路線
▼
試著徒步走進平常開車經過的區域

❺ 人與歷史
▼
注意長年生活在當地的人也忽視的周遭建築

CASE STUDY

你所不知道的稻毛工廠地圖❷（千葉縣千葉市稻毛區）

從「平凡無奇」變成「充滿魅力」！調查生活中的謎團

初冬某個溫和晴朗的日子，我們與「NPO法人稻毛地方振興據點（以下簡稱稻毛據點）」的成員一起舉行手繪地圖工作坊。其實我們委員會的全體成員，都是有生以來第一次拜訪稻毛，沒有任何預備知識。在我們緊張興奮的心情中展開的工作坊，果然從「好像沒什麼特色」開始。沒錯，大家一開始都說：「我們這裡沒～有～任何特別的地方。」

但我們總是認為，這樣的城鎮更應該擁有不為人知的特色，所以我們為了透過工作坊的例行形式，也就是「座談會➡採訪（田野調查）➡地圖製作➡發表」的流程，從經常把「我們這裡什麼都沒有」掛在嘴邊的當地人身上，抽取出當地的魅力而全力以赴。

我們也請這次前來參加工作坊的學員，體驗這樣的流程，盡情提出街坊的「小道消息」與生活中的「故事」、決定主題與調查課題並展開田野調查、回到據點後再將內容盡量寫到圖畫紙上。

從「平凡無奇」轉變為「充滿魅力」的瞬間，大家都露出笑容！

採訪（田野調查）的成敗，其實也和最後繪製地圖一樣，取決於一開始分組進行的「座談會」。因為接下來的興趣走向，將隨著座談會討論內容而改變。觀點與主題也會根據方向性而呈現多樣色彩，可能會出現「想參觀神社佛閣」的小組，也可能出現「想把焦點擺在農業，譬如無人商店與水果採摘體驗」的小組……

這種時候，我們手繪地圖推動委員會，就會澈底扮演「起頭」的角色（而我們自己也樂在其中！），在一旁傾聽，從地方的話題、平常的生活瑣事、小時候從阿公阿嬤那裡聽來的故事、以及個人的回憶等開始閒聊起。於是大家就七嘴八舌說出自己知道的事情。委員會為了拋磚引玉，毫不藏私地提出其他地方的案例、過去累積至今的點子與線索，讓參加者覺得：「啊，如果這種事情也可以，我們這裡也有！」這麼一來，平凡無奇的地方，就會變得充滿魅力！

田野調查解開「日常生活的謎團」

深入調查稻毛之後，話題變成：「這裡有許多工廠！」只不過這些工廠太大了，過去反而視而不見（笑）。而且老實說，沒有一個人知道附近這麼多的大型工廠到底在做些什麼。

多數稻毛的參加者，平常生活都開車移動，因此雖然提到許多關於「工廠」的話題，對他們而言都只是路途上的「車窗外風景」，似乎沒有人實際站在工廠前面看過，這個狀況讓現場的所有人都笑了出來。這反而是個解開謎團的好機會，氣氛也逐漸冷靜，於是他們就分成了「工廠巡禮」與「街坊小道消息」兩個小組，不分大人小孩一起出發採訪（田野調查）去。

大人回歸赤子之心，「確認地方狀況」的大冒險！

採訪是製作地圖不可或缺的行動，預先帶著課題與目的前往當地調查，才能憑自己的雙眼，確認之前只從談話中得到的資訊。剛才大家討論的事情，實際上是什麼樣的狀況呢？或許也有之前沒聊到的新發現。這聽起來就好像出發去冒險一樣，讓人熱血沸騰吧？

對了，工廠巡禮小組中最年長的男性，突然在這時候衝進工廠說：「我去問他們裡面在做什麼！」亢奮的大人在這一瞬間彷彿回歸赤子之心（笑）。他問到這裡是製造混凝土與工業產品的工廠後，帶著天真的笑容回到隊伍說：「我知道他們在做什麼了！」每當我們看到這樣的光景，就覺得手繪地圖推動委員會真是個很棒的工作。

大家在工廠門口等待突擊進入採訪的參加者。

參加者突然爬上欄杆，手指著工廠。

大家都變成小學生了！

試著走在平常開車經過的道路

我們在稻毛還重新體認到另一件重要的事情。那就是如何在以「車子」為行動主體的地方生活中，增加「徒步」的機會。大家平常都開車移動，所以理所當然會在「高速」通過中，忽略許多路途上的資訊與故事。這麼一來，「有趣」的事物當然也會讓人感到「平凡」。所以我們覺得，有時候刻意下車步行，看看平常經過的道路與「應該」認識的地區，也是不錯的嘗試。

對了對了，在稻毛也聽到這樣的抱怨：「用走的採訪？不會吧，稻毛這麼大？」但我們會毫不留情地回答：「沒錯，用走的!!」實際出發採訪後發現，大家走起來一點也不勉強。這就是習慣與成見，不妨趁著這個機會打破吧！如果發現感興趣的事物，你說不定也會不知不覺跑起來喔！（翻到第八十九頁和一〇四頁，一起感受這些大人們彷彿回到孩提時代的愉快氛圍。）

採訪技巧　其❸

小朋友的採訪：利用小工具炒熱氣氛，讓採訪更愉快

採訪篇最後介紹的是大顯身手的「小朋友」團隊。地點是福島縣南相馬市，在這裡大顯身手的不是野馬追祭典的騎馬武士團，而是小學生記者團。

「天然能源」在自己生活的地方逐漸普及，這些能源以什麼樣的方式設置，又是如何應用的呢？接著就來看看，記者團在熾熱的暑假，如何展開熱血大冒險的一天。

小朋友團隊×五個提示

❶ 地方的關鍵字
▼
自然能源、記者團、冒險心

❷ 參加成員的特質
▼
積極作筆記！大口吃午餐！

❸ 路途中的活動
▼
採訪最尖端的設備！

❹ 隨身物品・記錄・輔助路線
▼
特製採訪筆記、記者臂章

❺ 人與歷史
▼
不忘震災記憶，積極傳承給下一個世代

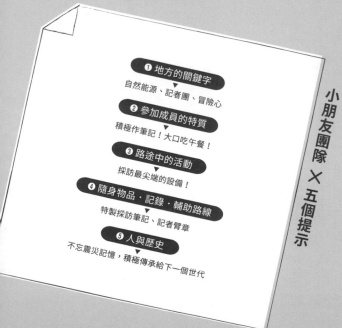

CASE STUDY

在遊玩中學習的南相馬再生能源地圖（福島縣南相馬市）

小學生記者團到處去訪問！

南相馬的大地，以精悍的騎馬武士團策馬狂奔的祭典「野馬追」而聞名。這裡勇敢的小學生組成了手繪地圖記者團，到處去訪問，而我們就幫忙舉辦了這場熱血沸騰的手繪地圖工作坊。（請翻到第九十八至九十九頁，看看孩子們認真的模樣！）

暑假某個晴朗炎熱的日子。南相馬太陽能田公園主辦的手繪地圖工作坊開幕，大家來幫福島縣南相馬市的可再生能源（綠能）設施，一起製作地圖吧！當地小學生組成了「記者團」，準備「化身為記者，採訪南相馬的綠能設施！」我們手繪地圖推動委員會，也跟著這些剛放暑假的幹練小記者們，一起在南相馬四處採訪。

「採訪筆記」營造幹練新聞記者的氣氛！

採訪主題「可再生能源」是設置於市內各處的尖端技術，以南相馬在三一一震災後逐漸普及的太陽能為主。這次田野調查的目的，也是為了讓當地的孩子認識這些綠能設施。我們這些大叔希望能善用手繪地圖工作坊幫助地方學習，因此氣勢也不輸小學生！

製作手繪地圖是了解自己所在地方的絕佳機會。雖然「可再生能源」是個有點困難的題目，但也能當成暑假的自由研究主題，所以我們預先得知孩子們的亢奮程度超乎想像（笑）。我們可不能違背孩子們的期待，於是準備了某樣「工具」，那就是「採訪筆記」。我們發給每位小學生一份主辦單位南相馬太陽能田公園工作人員熬夜製作的筆記本，以及「記者臂章」，期望提高他們的士氣，結果大受好評。

我們在筆記本中，根據當天訪問的場所製作內頁，並留下筆記欄位。封面則有各種顏色，孩子們可以憑自己的喜好選擇。光靠這個小工具就讓士氣提升了不少，真是不可思議。

因為有可靠的大哥哥與大姊姊協助，陌生的地方也不可怕！

工具全都準備齊全，最重要的採訪終於開始進行。記者們勇敢地前往採訪單位進行田野調查，訪問市內小學太陽能發電的發電狀況，以及大規模太陽能發電所的建設預定地（在當時）等。其中，伊藤冷機工業的太陽能板，採用的是較少見、會隨著太陽的位置改變方向的「追尾式」。小記者們仔細聆聽設施工作人員的說明，當他們得知自己生活的地方竟然有這麼厲害的設備後，看起

當時負責企劃的南相馬太陽能田的大野小姐（左）與沖澤小姐（右）

當地高中生超級志工，非常可靠！

伊藤冷機工業的追尾式太陽能板。真是太酷了！

來都莫名地驕傲！大家積極地寫著採訪筆記，製作這份筆記本真是做對了！

當天，高度關心地方社會活動的高中生志工軍團也趕來，巧妙地為孩子們打造了發揮實力的環境。他們為了避免孩子們害羞或不安，不經意地向孩子們搭話，營造充分享受田野調查的氛圍，真的非常可靠。畢竟從旁協助工作坊的人，如果只做交辦的事項也很痛苦。自己率先享受協助的樂趣，也是手繪地圖工作坊中非常重要的元素！

如果只習慣使用現成的地圖，很多事情都難以察覺。所以自己思考、自己回憶、親自走訪確認、就算不會畫圖也先畫出來看看，積極地進行這些嘗試吧！

大家聚集在一起外出採訪，將獨家消息不斷寫進採訪筆記裡，討論著與平常玩耍時不同話題（綠能），對孩子來說似乎是非常新鮮的體驗。必須實際經歷過，才

綠能三明治超級美味！

能理解重新認識自己生活之處的樂趣，以及彼此分享資訊的喜悅。不管工作坊在哪裡舉行，都一定有人在田野調查結束後，愉快地討論著「新發現」。讓大家如此沉迷於享受自己的城鎮，就是手繪地圖工作坊的優點吧！

以美味的「綠能三明治」填飽肚子，終於開始畫地圖！

火力全開的上午活動結束後，午餐也充分運用太陽能設備。真不愧是太陽能田公園。大家將培根與番茄夾進使用「綠能」烘烤的麵包裡大口咬下去，畢竟餓著肚子也不能戰鬥嘛！這真的是至高無上的美味。有這樣的溝通環境，手繪地圖工作坊也必定能夠熱烈舉行。

愉快地飽餐一頓，補給能源後，下午就開始製作地圖。一旦準備將地圖畫在大張圖畫紙上時，小記者們也都面對著空白的紙張，煩惱著該如何寫下第一筆。這時候，只要簡單介紹其他工作坊的案例，讓他們看看實際的手繪地圖，他們就會覺得「什麼嘛，原來這種感覺就可以了！」立刻振筆疾書。這麼一來，孩子們的創造力就能不斷解放，手繪地圖三兩下就完成了。而這還是要歸功於「採訪筆記」，能夠當場確認積極搜集到的獨家資訊，真的非常有幫助。

「採訪筆記」與「記者臂章」幫助優秀的小記者團發揮充分的實力，成為希望孩子們田野調查成功舉行的主辦單位所仰賴的超強工具，不僅為田野調查營造愉快的氛圍，筆記內容也在之後的地圖製作發揮極大作用，當然沒有理由不準備。我們在南相馬度過炎熱的一天，進行了不分大人小孩都一起同樂的田野調查，得到了超乎想像的收穫。

第 4 章

製作獨一無二的地圖

想要呈現的觀點？以自己的方式將地方介紹給想傳達的對象

吃了尿尿會
變黃的拉麵店

根據第二章的座談會與第三章的採訪內容，本章終於要介紹如何製作獨一無二的地圖。「編輯」的視角，對於彙整座談會與田野調查搜集到的資訊，進一步呈現在一張紙上，變得越來越重要。各位突然聽到「編輯」或許會覺得有點難，但其實非常簡單。

首先，請將製作手繪地圖時的「編輯」，想像成「設定想要傳達的對象（讀者），以『特定的觀點』，整理採訪搜集到的大量資訊的行為」。

當然，地圖的「讀者」就是拿起這份地圖的人，比如說像是來訪的觀光客、住在這裡的大人小孩、通勤的上班族等等，製作地圖時，請考慮所有你希望看到這份地圖的對象。為什麼手繪地圖必須考慮讀者呢？一般普通地圖是以「了解如何抵達目的地，或目前所在場所的工具」為目的，讀者的定位就是「利用地圖尋找目的地的人」。但手繪地圖的讀者，期待的卻不是正確的位置資訊。他們期待中的地圖較類似「讀物」，希望能透過「地圖創作者（你）」的觀點，了解地方的生活與魅力。為了回應讀者的期待，製作的地圖不只包含位置資訊，也要清楚呈現想要傳達的地方特色。

其次，以「特定的觀點」整理，指的則是在準備好在地圖上刊登、介紹的「資訊的切入點」。

舉例來說：

介紹歷史悠久的神社、佛閣

▼

不只介紹所在地與歷史等單純的事實，也整理建築物的造型、拜訪的時段、自古以來的傳說。

介紹商店街

▼

聚焦老闆人格介紹商家，或是整理資訊，鎖定只有當地人才會使用的服務、隱藏菜單等。

介紹公園、道路、杉林等

▼

介紹在地對事物的簡稱、傳聞、「以前是什麼樣的地方」等，穿插歷史的觀點進行整理。

換句話說，不只介紹單純的事實，還加入「你獨一無二的」、「這裡才有的」資訊，拿起地圖的人就能覺得彷彿在你的帶領下參觀這個地方，手繪地圖的趣味，就取決於創作者的觀點。

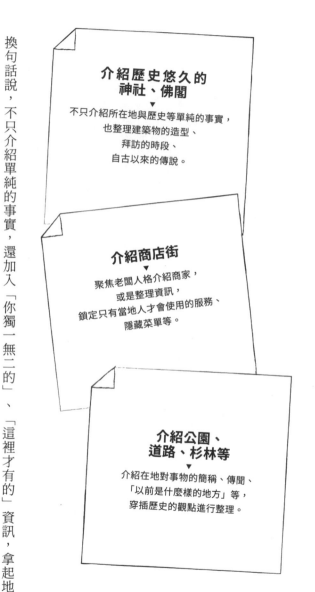

以團體合作繪製手繪地圖的方法

不過，手繪地圖工作坊是一種「團體合作」，與只憑自己的觀點製作地圖略有不同，也需要組員的贊成與共鳴，有時也會猶豫著該不該呈現只有自己感興趣的事情。一旦準備開始製作地圖，也經常會煩惱採訪到的資訊該由誰「編輯」、從何「編輯」，因為煩惱而遲遲無法下筆。這時候不要想得太難，請以輕鬆的心情，一邊編輯，一邊整理寫在手繪地圖上的資訊。

我們委員會的工作坊，一定會使用圖畫紙，由小組齊心協力製作。這次就以繪製的步驟為中心介紹。

愉快的心情，
比困難的知識或專業的技術
更重要。

大家一起寫！
這是和樂融融製作地圖的訣竅。

小組製作手繪地圖的訣竅。

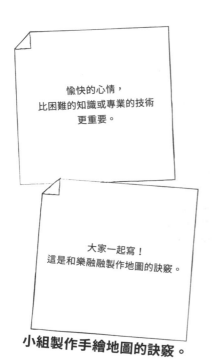

步驟1 決定地圖的範圍

首先決定手繪地圖的範圍。再次強調，手繪地圖不是幫助使用者正確移動到目的地的工具，所以不需要太在意地理資訊，雖然先決定區域再製作也可以，但如果太過拘泥於劃定區域，也可能忽略超出該區域的重要內容。所以手繪地圖的重點就是先忽視區域，根據想傳達的資訊決定範圍。接下來就參考過去實際舉辦過的工作坊等案例，來看看地圖的範圍如何決定吧。

決定好大範圍之後，就先大致標上地標、主要道路、河川與山林等等。這時的注意點是，不需要追求比例尺之類的正確性，大致標出相對位置等基礎資訊就夠了。這個方法或許有點進階，但也可以將最想介紹的事物擺在中心，以畫同心圓的方式決定範圍，如果是高低起伏、有山峰或山谷的場所，像角色扮演遊戲一樣，利用剖面圖來表現高低差或許也很有趣。

總而言之，趣味比正確更重要。如果還想介紹稍遠的地方，可以另外設置欄位，盡量超出範圍不用客氣，地圖說不定會變得更有魅力喔！

－決定範圍的方式－

整理想要傳達的內容再決定範圍。
俯瞰、從側面看都可以。
邊參考真正的地圖，
邊畫出來試試。
決定繪製的紙張要採取直式
還是橫式。

－繪製道路的方法－

以地圖的主要幹道為中心繪製，
再像畫樹枝一樣，
在主要幹道旁逐漸加上小路，
就能畫得好。

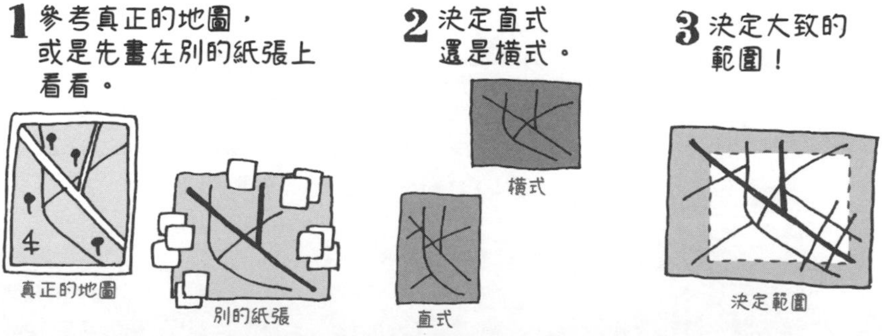
1 參考真正的地圖，
或是先畫在別的紙張上
看看。
真正的地圖
別的紙張
2 決定直式
還是橫式。
橫式
直式
3 決定大致的
範圍！
決定範圍

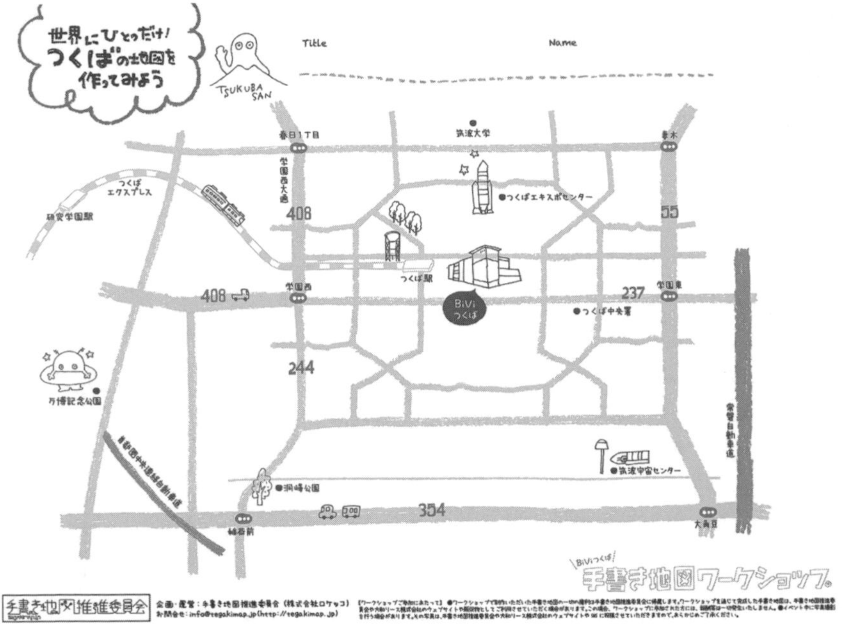

其1：

在茨城縣筑波市舉辦工作坊時（二〇一五年九月），事先製作的空白地圖。這次的案例中，工作坊的地圖範圍由主辦單位事先決定，為了讓參加者專心寫出想要傳達的內容，因此先準備好空白地圖。地圖以工作坊會場所在位置為中心，標出主要的地標（路口的名稱等）。

其2：

長野縣立科町的工作坊（二〇一六年九月），這也是主辦單位事先決定區域的案例。工作坊的參加者分成多個小組，因此也將立科町大致分成北部（農業區與茂田井、立科南部、立科東部西部）與南部（觀光區和白樺高原）。農村區有山間廣闊的田園風光、蘋果田、中山道等許多值得一訪的地方，因此分成三個區域。地圖主要發給體驗農家住宿的旅客，幫助他們更深入了解這個區域。

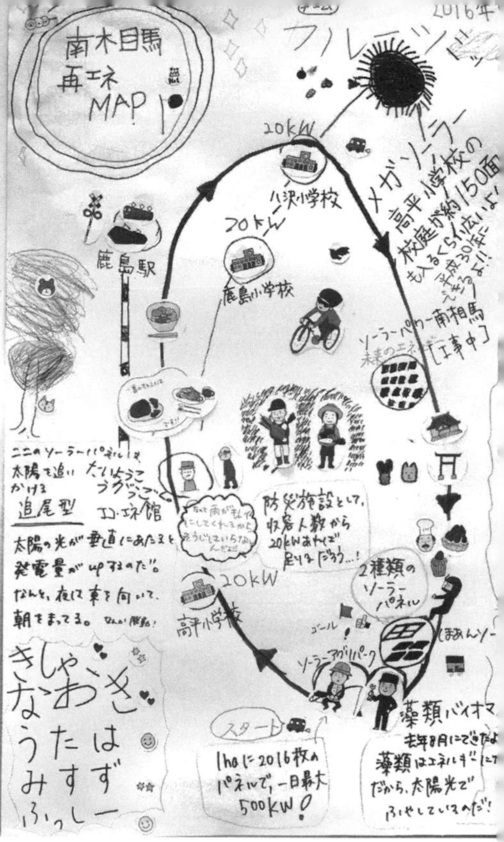

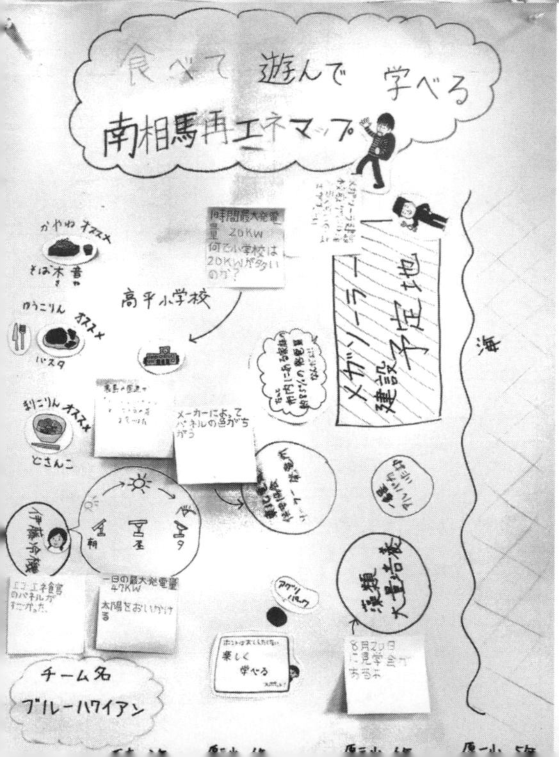

其3：

福島縣南相馬市（二〇一六年七月）。這個案例根據田野調查拜訪的場所與路線製作，沒有特別在意區域的問題，地圖上完全沒有比例尺與路口等地標。製作者是小學生，所以不受限制現實的自由度正是其魅力，大人總是會忍不住想要標上路口之類的地標，但把焦點擺在田野調查時感興趣的場所也是一種方法。

步驟 2

盡量寫出訪問到的內容

先將透過採訪得到的地方資訊，寫在便條紙或貼紙等，再集中到圖畫紙上。在剛開始寫的階段，不要太限縮觀點與主題，順著採訪的時間軸，將想到、感覺到的事情都盡量寫出來。寫的時候請一邊回顧採訪時拿到的傳單手冊，或拍下的照片一邊回想。

這時最重要是「不要覺得難為情」，因為「你的日常，就是別人的非日常」。介紹這樣的題材不會很土嗎？沒有這種事！在這些題材當中，存在著發現與共鳴。

－寫出採訪內容－

不要害羞，盡量寫。
你的日常，就是別人的非日常。
眾說紛紜的傳聞與小道消息
也非常歡迎。
如果用文字難以說明，
圖畫與照片也可以。

討論感想
盡量
寫出來
使用空白
地圖、
素材集與
採訪筆記
分享彼此
的筆記
回顧照片
參考拿到的傳單手冊

在茨城縣筑波市舉辦的工作坊的作品範例（二〇一五年九月）。「吃了尿尿會變黃的拉麵店」。小學生作者寫下的留言相當自由奔放。他或許毫不害羞地寫出了與家人一起去吃拉麵時的回憶。

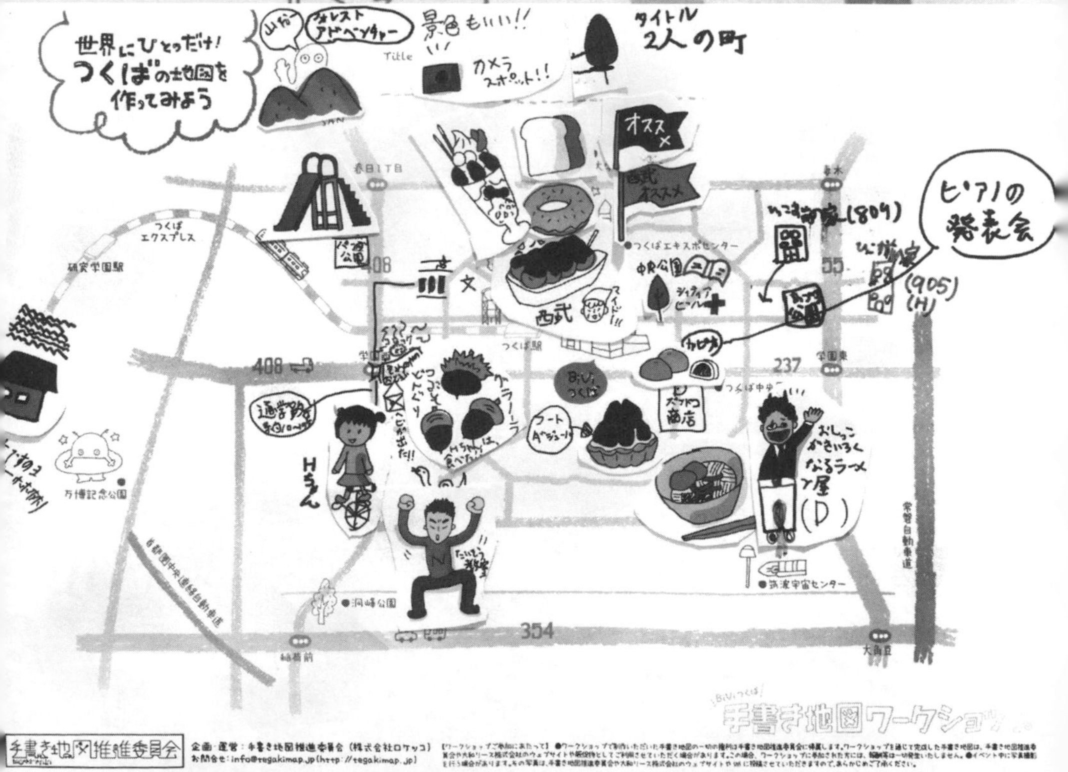

ランをみれば動物がわかる！
By-きのこのかみさま
約53メートル
痩せてデザート食べよ
カラマツ三万本？
途中にカンバンあり
六川新道
牛形の鉄塔
鳴石
もうもう
カメラポイント
くりかえし来たくなる場
白樺高原
蓼科山からヤッホー
恋人の聖地
金の魚を見つけると幸せになれます
御泉水自然園
日本一景色の良いトイレ
シカスポット
カワイイペンション
湿地帯
モウセンゴケ
ワタスゲ
カッパ伝説
妖精が棲んでる
一年中でる所が女神湖
レンタルサイクル
日本一高い所に住んでいる
ヒメボタルの里
困ったとりい
この中味はなんでしょう???
たくさんのマイナスイオン。
きのこの神様の家
神様の食事
秋、かつらの木がキレイ。
御柱の道
秋の紅葉シーズンは最高
カメラポイント
夕日の見える丘
まだまだ
2530m
2531m
成長中…
みんなでさけぼう
ヤッホーポイント
ヤッホ〜
ドキン
蓼科山
妖精の好きなもの
りんご
澄んだきれいな木
日本一標高の高いローソン
長野県一小さいローソン
21時まで
一面に広がるコバイケイソウの群落
ミズナラ林の森の先に水源がある.
弁天神
立科の水の源
真田丸と同じ頃
ラジコン用のサーキットもあるよ!
祠あり

手繪地圖的趣味性，來自製作者的「觀點」，尤其眾說紛紜、沒有答案的傳說，或是內行人才知道的小道消息更是非常歡迎。我們在第二章「搜集小道消息所製作的三份筑波探險地圖」中，介紹了筑波市的工作坊，當時請參加者在空白地圖上寫下各種當地的小道消息，在此就請大家看看當時參加的小學生所寫下的留言（請往前翻到第一百四十七頁唷）。

步驟❸ 將便條紙、筆記、照片等貼在地圖上

接下來，試著將步驟❷寫出的想法，擺在正式使用的圖畫紙上。

隔壁第一百四十八頁，是在長野縣立科町製作的手繪地圖。藉由將採訪時拍攝的照片印出來貼在地圖上，製成更色彩繽紛的手繪地圖。這麼一來，不擅長畫畫的人也能輕鬆製作。如果覺得畫出神社、建築物等地標很困難……剪貼拍攝的照片也是一個好方法。

手繪地圖素材集

我們委員會為了讓不會畫畫的人，也能放膽享受製作地圖的樂趣，準備了手繪地圖素材集。這是個能夠輕鬆使用的小工具，可以在對話框裡，像做梗圖一樣寫下一句評論，使用起來就和勞作一樣有趣。這份素材集可以在手繪地圖推動委員會的網站下載，請務必印出來用用看。

網址：http://bit.ly/2HOpYUt

註 連結壞掉？無法下載？如果遇到這種情況，請透過手繪地圖推動委員會網站上的電子郵件信箱聯絡。請勿使用於商業用途唷！

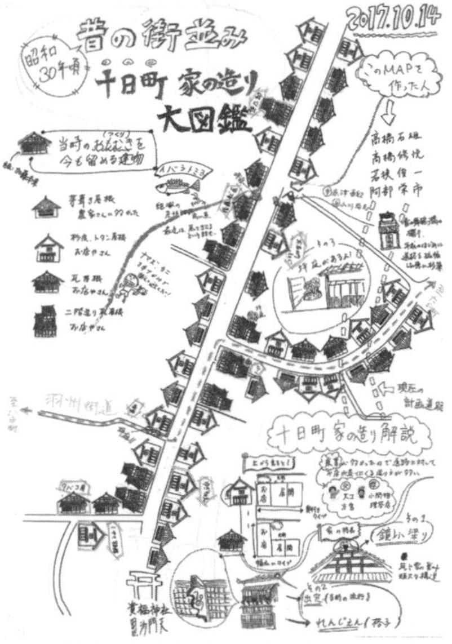

山形縣遊佐町的工作坊案例（二〇一七年十月）

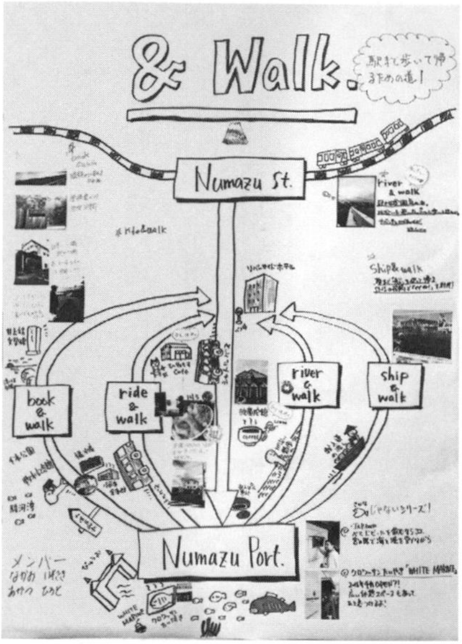

靜岡縣沼津市的工作坊案例（二〇一六年十月）

步驟❹ 透過步驟將資訊賦予輕重變化

終於要在正式使用的圖畫紙上打草稿了！整理步驟❷寫出的內容時，重點就在於「將想要傳達的內容大大地寫出來」。地標、路口的名稱等重點，固然是掌握最低限度位置關係的線索，但最希望大家傳達的還是「從自己的視角看見的地方風貌」。請不要猶豫，大筆一揮，豪邁地寫出想要傳達的內容。

－分出資訊輕重的訣竅－

想要傳達的內容大大地寫出來。
只要標出路口與建築等最低限度的地標即可。
如果想寫的內容很多，
可以使用對話框，
將這些內容集中在地圖的空白處。

右圖是靜岡縣沼津市製作的手繪地圖，地圖中央大大地標示出四條散步路線，並且介紹了不同主題的散步資訊。

除了觀光景點沼津港之外，創作者也希望大家順道前往從沼津車站到港口途中的站前商店街，因此清楚地呈現出從港口通往市鎮的各條步道。地圖上雖然畫出港口與車站等地標，但最想傳達的還是如何享受從港口到車站的各條「散步路線」。

左圖是山形縣遊佐町的手繪地圖。這是一份重現一九五〇年代街景的地圖，創作者在地圖上使用螢光筆強調至今仍保留當時氣氛的家屋，或是在空白的對話框中，以當時的隔間、裝飾等家屋設計為焦點等等附加詳細解說，為地圖上的資訊分出輕重。

步驟 5 將主題寫成「正式的標題」

地圖完成之後，最後請賦予正式的標題。

而想標題的要訣，就在於表現出自己製作地圖的觀點、想把這份地圖拿給誰看。在標題中穿插方言也不錯，能夠展現地方特色。接下來介紹的幾個案例，就是在過去的工作坊中想出的標題。

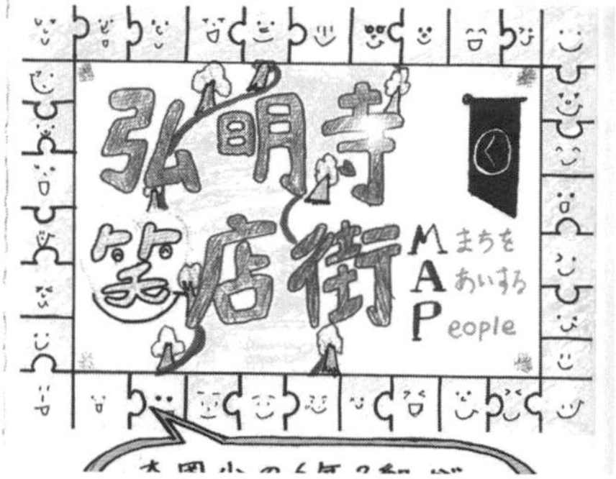

弘明寺
笑店街
MAP まちをあいする People

其 1：弘明寺「笑」店街 MAP（神奈川縣橫濱市）

由大岡小學六年二班的同學製作的手繪地圖。在商店街採訪商家時，發現店裡的人溫柔的「笑容」。他們希望住在這裡的大人，了解弘明寺商店街的樂趣，於是決定了這個地圖的標題。附帶一提 MAP 是「想在小鎮（MACHI，日文發音）見到（AISURU，日文發音）的人（People）」的縮寫。

弘明寺
笑店街
MAP まちをあいする People
大岡小の6年2組が
1年かけて取材し、
まちの魅力をたくさんつめました。
ぼくたち、私たちは、地域のみなさんに弘明寺のまちの魅力を再発見してもらいたい！という思いから、この弘明寺笑店街MAPを作成しました。このイラストマップは、歴史あるこのまちで働いている方の、お客さんへの思いやまちへの愛情、個性などを住んでいる人の目線でたくさんお伝えします。笑顔がいっぱいで明るい弘明寺のまちの魅力を探してみてください。手に取ってくださったみなさんにこのマップを楽しんでもらい、「もっとこのまちのことが好きになった」と思ってもらえたらうれしいです。
2016年度 大岡小学校6年2組 制作
2/15現在
小林 店長
小島清信さん
水口重太佳さん
森下哲男さん
今井哲雄さん
細井勇人さん
魚住宏一さん
吉田智志さん
能登谷さん
笹川 やすひろさん
Fleur Jardin
高島易
弘明寺観音
作清
玄や
水口園
シューズボノイ
盛光堂総本舗
餃子大學
レストランマコト
とんぼや
江戸家
今井呉服店
さいたまや
おいしいよ!

其2：舒適生活的小鎮　稻城地圖（東京都稻城市）

稻城市距離市中心約三十分鐘，是一座都市與鄉村融合地恰到好處的小鎮。地圖的標題，呈現在地人對稻城市的居住感受。（插畫：專業手繪地圖創作家．江村康子研究員）

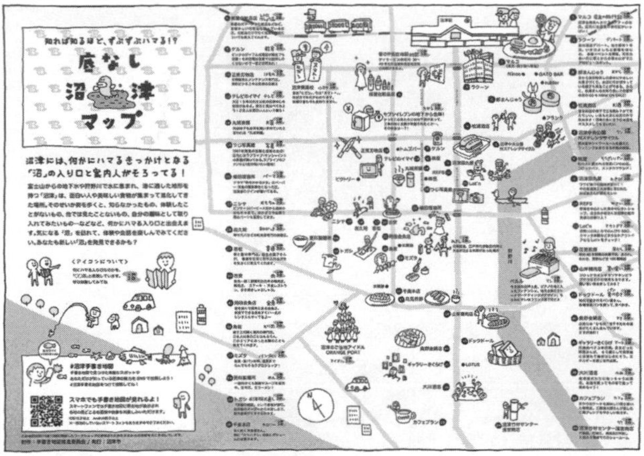

其3：知道越多，陷得越深　沼津無底地圖（靜岡縣沼津市）

在鎮上散步進行田野調查時，發現許多未知與未曾體驗過的事物，以及令人著迷的有趣店家，於是就將這樣的魅力與地名「沼津」結合，想出了這個標題。（插圖：專業手繪地圖創作家．中尾仁士研究員）

步驟6 請別人（其他小組）幫忙看

寫上大大的標題後，就將完成的地圖拿給別人看吧！

我們手繪地圖推動委員會舉辦的工作坊，一定會在最後預留發表時間，讓每個製作小組進行報告，發表決定主題的緣由、採訪的重點、地圖的看點等，工作坊不是畫完地圖就結束，直到發表都是工作坊的一部分。

在發表的場合時間能讓大家發現，明明是自己居住的地方，卻無法清楚傳達當地的魅力。「如果連大人都無法傳達自己生活之處的魅力，該怎麼讓孩子們喜歡自己的故鄉呢？」這樣的課題意識，就是我們在長野縣立科町舉辦手繪地圖工作坊的緣由。

工作坊能讓大家發現過去所沒有察覺到的地方全新魅力，從此興起想要知道得更詳細、想去看看以前不知道的所在等想法。請拿著完成的地圖，實際在路上逛逛，將新的資訊與新的發現補充上去，讓地圖變得更完整。

接下來就為大家以 CASE STUDY 的方式，介紹四個製作地圖時務必參考的案例。

發表自己製作的手繪地圖。不知不覺間，就能熱情地訴說自己城鎮的魅力。

－思考手繪地圖標題的訣竅－

將手繪地圖拿給別人時，
自己會說些什麼呢？
試著從自己的話去思考標題。
將印象深刻的詞彙寫出來，
編成標題看看。
雙關語和冷笑話也很歡迎！

－希望在手繪地圖發表時間，
傳達的四個重點－

介紹的範圍？
為什麼決定這個主題？
希望把這份地圖給誰看？
平常看慣的事物，
看起來有什麼不一樣？

地圖製作的訣竅　其❶

從聚焦地方的「縫隙」，決定地圖的範圍

製作手繪地圖的現場，也是與時間戰鬥的戰場（雖然聽起來誇張，但真的是如此！），我們想在半天內徹底完成在本章中前面提到的步驟❶到❻，結果時間一下子就過去了。不過，只要將這六個步驟確實完成，地方的魅力就能確實化為地圖，而且回過神來，你也達到導覽員的程度。

第一個介紹的參考案例是神奈川縣伊勢原市的地圖工作坊，這次的活動在步驟❶「決定地圖的範圍」方面表現傑出。他們將焦點擺在車站與觀光景點「之間」的區域，企圖完成一份為中途下車與繞道旅行的人，提供在地遊覽建議的手繪地圖。最後完成的兩份地圖，分別聚焦在「高度」與「年份」這兩個不同的切入點。

CASE STUDY

伊勢原市巷弄地圖　大山腳下篇（神奈川縣伊勢原市）

小道消息巡禮！

本市最強的人氣景點「大山」，希望觀光客也能逛逛山腳下！

本地有最受歡迎的觀光景點，就算不宣傳，人潮也會一波又一波地湧來。雖然這點令人開心，但其實周邊也有許多值得一訪的去處，真希望大家也能順道去逛逛——在各地都經常聽到這樣的聲音。舉例來說，在神奈川縣伊勢原市這個地方，大山與其中腹的阿夫利神社，就是知名度、內容、歷史都出類拔萃的觀光名勝，成為當地一枝獨秀的領跑者。即使只來神社參拜，順便接觸自然與文化也很愉快，還能登山欣賞絕美景色，在神奈川縣當地也是數一數二的知名人氣景點，我（號稱郊山旅行家大內）也好幾次為了登山而拜訪這裡。

如果來到鎮守大山中腹的阿夫利神社，就能將神奈川開闊的街景與相模灣盡收眼底，無論男女老少都發出讚嘆的聲音。遠方正對著的小島是江之島。江戶時代認為大山祭祀的是男神，江之島祭祀的是女神（弁才天女），如果只參拜其中一邊，參拜就不完整！所以江之島也是江戶兒女們不可錯過的島嶼。大山與江之島，位於可以清楚互望彼此的位置與距離，連通兩者的「田村通大山道」這條古老街道，據說曾經相當熱鬧。

拜訪大山的人，幾乎都搭乘大眾運輸工具或自用車，直奔大山而去，中間的區域往往被跳過，這也是觀光常見的課題。於是我與推動大山「繞道觀光」的當地夥伴，一起四處繞路，希望來訪的觀光客，也能看見位於廣闊山腳下的幾個「中間區域」。

來自手繪地圖創作者的「訊息」，聚焦在「高度」與「年份」這兩個不同的角度！

如果要讓來訪的旅客順道前往山腳下，首先必須想辦法傳達地方的魅力。因此希望他們透過手繪地圖，獲得一般導覽手冊沒有介紹的私房資訊。正因為是平常不會留下印象的隱藏魅力，傳達給地圖使用者的訊息更應該明確，這點相當重要。本書之所以在第一章告訴各位座談會的重要性，也是因為地圖能夠做得多有趣，全憑「主題」怎麼選。主角是「生活在當地的人」，當地居民不斷暢談個人回憶，我們委員會與具備外部觀點的成員，則察覺、發現其中隱藏的個性。這次的個性有兩個主軸。

我們在座談會中引出大量題材，接著出發前往田野調查，

大山腳下 MAP

聚焦在人造物、
食物等各種物品的「高度」，
從大山腳下的傳聞切入！

伊勢原小鎮 MAP

聚焦在商店、設施等的發祥、
創立、開店的「起始年」，
從小鎮的地方史切入！

大山阿夫利神社，有稱為「雨降」的祈雨信仰。

積極調查，這也是工作坊的效果！

參加者在座談會上熱烈討論的日常話題，對外地人而言是非日常的「寶物」。

生活中的傳聞與回憶逐漸浮現。

展開讓地方故事在地圖上浮現出來的作業。大山阿夫利神社是歷史悠久的古老神社，也是伊勢原的象徵，除了掌管降雨、帶來豐收的日本神祇大山神之外，也祭祀大雷神與高龗神這兩位水神，因此這裡也被稱為「雨降山」，祈求豐收與庇佑的參拜者絡繹不絕。只要搭乘纜車即可登山抵達，或許也是輕鬆來訪的人潮源源不斷的理由吧？尤其在新綠與紅葉的季節，觀光客與登山客大量湧入，熱鬧異常。輕易就放這些為了遠離東京與神奈川的都會生活、想在大自然中重新充電的周末旅客回到都會，那就太可惜了！

相對於從江戶時代就擄獲人心的大山，在山腳下的地區散步採訪時，也發現了好幾項在座談會中也沒有提到的地圖題材。像是很少會有觀光客知道，伊勢原市所的姊妹市長野縣毛野市所贈送的「御柱」就在這裡，而祭祀子易明神的比比多神社，也能看到據說最北只到伊豆的「竹柏」，這些都是現場看到導覽圖板才發現的寶貴收穫。

男女老幼齊心協力，製作獨一無二的地圖

接著終於到了大家齊心協力在一張圖畫紙上埋頭苦寫的時間，這段時間真的一轉眼就結束了，參加者將各自的回憶大量匯集，在地圖上化為整個區域的故事，以視覺方式呈現。換句話說，地圖是由這些在地視角組成「地方魅力的結晶」。而且在那個場合、當下那一瞬間，現場所有人的共鳴，成為最重要的秘方，日後再也不可能繪製出相同的作品。

讓我印象深刻的是，不少人邊說著：「之前看到的那個叫什麼來著？」邊回憶一起走過的道路，這也表示題材有多麼豐富，有人聽到之後立刻拿出手機，秀出照片問對方說：「你指的是這裡吧？」像這樣的團隊合作真的很棒。即使是為原本互不相識的人舉辦的工作坊，在一起外出採訪回來後，彼此也會莫名地熟稔起來。雖然一個人默默地專心作業也不錯，但畢竟是難得的團隊合作，彼此截長補短、一起進行作業的充實感也會截然不同。我們身為主持人，也會注意為大家營造這樣的氣氛。

這次分成兩個小組，製作了兩種地圖。雖然這兩種地圖都有著「大山腳下MAP」這個共通的標題，但一份採取橫式，聚焦在範圍內側，呈現出地區感。另

在大山腳下散步，實際親眼確認，搜集題材。

一份則採取直式，將大山配置於「範圍的外側」，更加強調山腳的感覺。即使製作相同區域的地圖，不同團隊的回憶、感受、聆聽的角度與採取的觀點，甚至表現的方法都截然不同，這點非常有趣，而這樣的「差異」正是珍貴的寶物。

大家盡情享受並接受這樣的「差異」，擴大對自己生活區域的知識與經驗。結果成為寶物的不只是手繪地圖，大家不覺得與生活在相同地區的人交流的機會，也更是珍貴嗎？我會不會說得太誇張了？（笑）彼此分享完成的地圖，回顧製作過程的愉快時光。製作多份地圖，或許就會出現新的發現或事實!?（請務必翻到第一〇〇至一〇一頁，欣賞在工作坊完成的兩張不同視角的「大山腳下 MAP」圖畫紙）

工作坊製作的地圖成為「原稿」！

工作坊中完成、充滿「臨場感」的圖畫紙手繪地圖，是最珍貴的寶物，而這份寶物也能更進一步應用。因為有些地方會將這份圖畫紙交給「手繪地圖創作家」，以及我們尊敬的專業插畫家，請他們製成插畫地圖，當然採訪到的資訊會原封不動保留下來。多虧這些專業人士，最後完成的「大山腳下 MAP」大受歡迎，一加印就被秒殺。如果你在大山發現這份地圖，請毫不猶豫地帶走吧！倘若你能夠拿著這份地圖，享受繞路的樂趣，大家一定會感激涕零！（請翻到第一〇二至一〇三頁，看看工作坊進行時大家愉快地努力著的笑顏，以及經由重新繪製的地圖正面唷！）

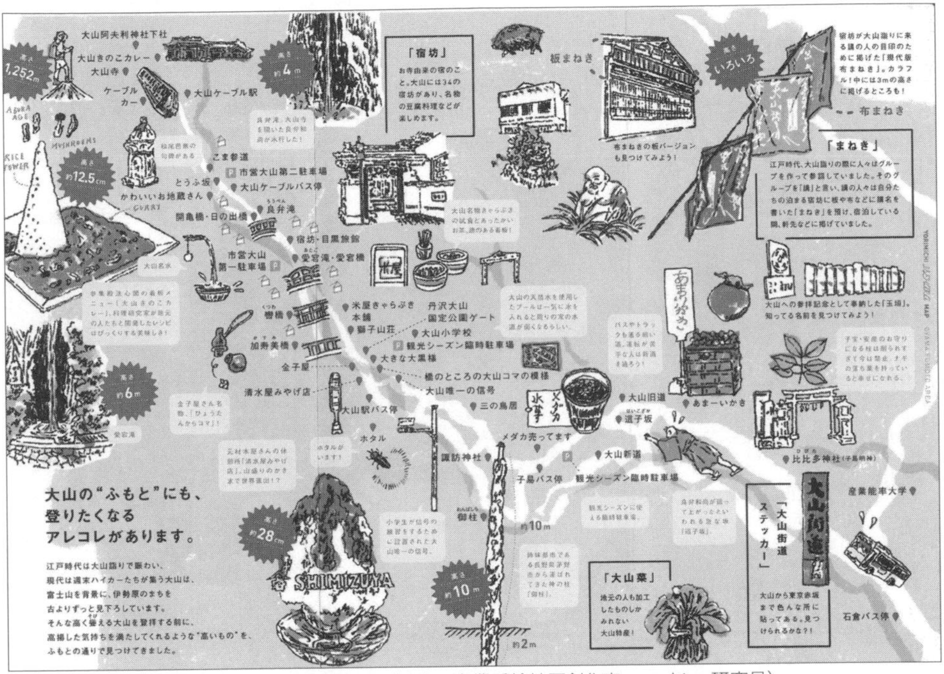

工作坊成果寫在經過重新繪製的地圖背面（插畫：專業手繪地圖創作家・naohiga 研究員）

對了對了，雖然與大山無關，其他三個地方的手繪地圖製作計畫目前也正在進行。一份是已經完成的「伊勢原小鎮 MAP」，剩下的還有日向地區與比比多地區。預計在這本書日文版出版的二〇一九年八月，將完成日向地區的地圖，並且開始發放。如果人在伊勢原市發現這份地圖，請務必拿來看看。

像這樣製作一系列的地圖，也讓我們非常開心。就某種意義來說，或許是手繪地圖推動委員會最大的樂趣。

也推薦登山客與沒住過宿坊（寺廟民宿）的旅客，來住住看大山的宿坊。光是色彩繽紛的布簾掛在門前，就能增添旅行氣氛！

地圖製作的訣竅 其❷

不必客氣！你的日常就是某個人的非日常

到了這個階段，我想大家都已經了解，動手製作地圖是一項什麼樣的作業。話雖如此，大家是否仍覺得不安呢？——「我們這裡完全沒有任何知名觀光景點，該怎麼樣才能把地圖畫得有趣……」我想為這些人介紹的就是「舒適小鎮 稻城地圖」。

CASE STUDY

舒適小鎮　稻城地圖（東京都稻城市）

徹底剖析居住感受的手繪地圖

在哪裡可以買到這種番茄呢？！

靠近市中心的大自然！梨子園、葡萄園與綠地公園

這次介紹的地圖，委託者是大型不動產開發商野村不動產股份有限公司，他們在開發稻城市的地方集中型購物商場與分租大樓時，發現了地方魅力，於是前來諮詢手繪地圖推動委員會，希望將這樣的魅力傳達給日後居住在這裡的人。

當天共有兩組夫妻前來，一組是長年生活在這個地方的老夫妻，一組則是年輕夫妻，大家邊吃點心，邊討論稻城的優點。

剛開始大家說來說去都是「這好像沒什麼特別的」、「在這一帶是常態」、「這件事大家都知道」等等。這裡雖然沒有代表性的觀光景點，但最大的優點果然還是「儘管通往市中心的交通便利，卻有著恰到好處的田園風情……」，討論就這樣往下進行，聽著聽著，逐漸可以看見我們也未曾想過、具有個性的城市日常。果然「你的日常，就是某個人的非日常」，即使對當地的參加者而言是家常便飯，聽在主辦單位耳裡卻是非日常

大家在便條紙寫出想到的題材，與照片一起貼在這張圖畫紙上，並且畫上插圖。比起插圖的質感，傳達在參加者之間熱烈討論的稻城特色更重要！

的事情。

其中最讓人驚訝的是，稻城其實生產許多水果，而且每個家庭甚至還有固定的「專屬果園」！這裡的家庭都有自己喜愛的果園，梨子或葡萄等水果都從這座果園購買，這也是在「交通便利卻有著恰到好處的田園風光」的地區，才能聽到的軼事。

此外，大家聊到稻城有許多人從事運動，網球場的比例相對於人口數頗高，所以也提到有網球拍穿線大師所開的店！這些勾勒出稻城生活樣貌的話題不斷出現。會出現這樣的小道消息，也證明了這裡的人有多麼喜愛運動。

在哪裡買酒、去哪裡烤肉、到哪裡吃麵、去哪裡運動……豐富生活的具體地圖標記點，就這樣接二連三的出現，其中甚至還有原本不想公開的秘密資訊。

圖畫紙以傳達地方特色為優先

將討論中出現的資訊盡量寫在便條紙上，推薦的理由與小故事等也不忘一併記錄下來。為了將「趣味性」與「獨特性」分享給所有參加者，記錄時如果文字難以傳達，畫圖或是列印該地點的照片與畫像貼上去，效果會更好。我想大家透過圖畫紙的畫面中，能看到「在大丸公園紛飛櫻花中打網球的人」，或是「球拍穿線大師的照片」等等。手繪地圖推動委員會為了列印田野調查時透過手機拍下的照片，買了一台工作坊專用的列印機，於是在圖畫紙上整理調查成果的效率變好，發表的內容也更能清楚傳達。真是買對了！

工作坊結束後，根據圖畫紙製作「舒適小鎮稻城地圖」。這份地圖整理住在稻城的兩組夫妻所提供的資訊，透過地圖就可以想像住在這裡能過著什麼樣的生活吧？

每個家庭都有自己喜愛的「專屬果園」、原本不想公開的農家直售番茄等，正是「你的日常，就是某個人的非日常」的例子。

「稻城好像能看到大紫蛺蝶」的傳聞雖然無法證實，但將稻城豐富的自然環境表露無遺，因此將「好像」的表現原封不動保留下來，採用了這句話。眾說紛紜的地方傳說、無法證實的小道消息，都是妝點這個地方的重要資訊，只要標明「有各種說法」或者「不確定真偽」即可，不妨多加利用吧！

先在圖畫紙上整理，再繪製插畫後的成品，就是在第一百六十五頁的地圖唷。

大家覺得如何？比起透過分租大樓或公寓的傳單與手冊等，表現「住起來舒適」的感覺，看著地圖上標示出來的各個地點，是否更容易想像這裡的生活呢？這也是手繪地圖的力量。

地圖製作的訣竅　其❸

比拚團結力、發揮真本事的大人遊戲

製作有趣的手繪地圖，重要的不是「繪圖力」，而是「下手乾脆」與「分出輕重」。但在團隊合作中，好不容易想到的觀點與靈感，也可能變得模糊，或是不被採納……大家是否覺得，團隊合作比獨自作業更困難呢？接下來為了讓大家了解眾人一起決定主題的技巧，以及團體活動的魅力，將介紹是在壽城市空間服務股份有限公司的員工研習中，所舉辦的手繪地圖工作坊的案例。

CASE STUDY

從企業的員工研習中誕生的四張手繪地圖（東京都港區濱松町）

員工色彩表露無遺！發揮個性的團體作業

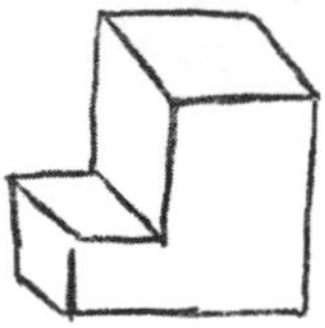

「手繪地圖工作坊」帶給企業的收穫

手繪地圖推動委員會雖然經常與地方自治團體合作，但企業研習也曾引進過我們的工作坊。雖然流程與一般的手繪地圖工作坊相同，目標卻有點不一樣，工作坊中也呈現不同的氣氛。接著就讓我們立刻來看看吧！

壽股份有限公司是一九一六年創立的企業，長久以來都為公園遊樂設施與長椅等公共空間，提供「人與城市」的設計建議。這次一起舉辦工作坊的「標示事業」，就是隨著觀光客增加而受到矚目的事業領域。平常不會注意到的戶外標示，對於初次造訪這塊土地的人而言，卻是告訴他們如何前往目的地的可靠指南，也是和地圖一樣標出適切的「方向」與「距離」的路標。

委員會完全沒有想到，從事「正確」與「公正」的老牌標示事業公司，會來委託我們舉辦員工研習，畢竟這與我們重視無形小道消息、故事與「偏愛」的哲學完全相反。

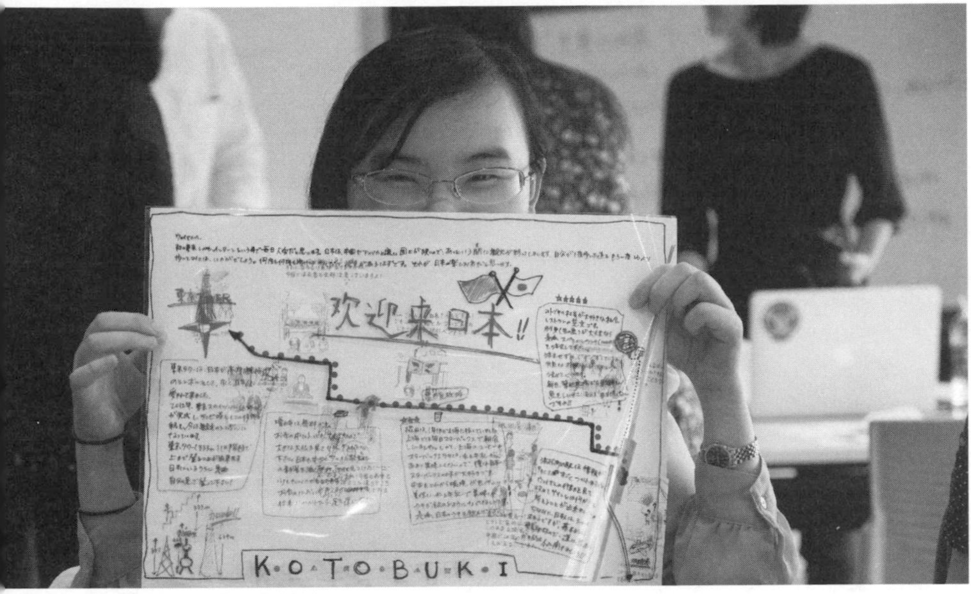

手繪地圖也獲得海外研習生的好評。

盡情想像公司未來的「手繪地圖工作坊」

壽公司委託我們舉辦工作坊的目的，是希望員工能夠稍微掙脫公司在「標示事業領域」所重視的原則，譬如「正確性」與「公正性」，與夥伴一起思考這個事業的未來。製作手繪地圖本身不是目的，他們將工作坊定位為思考的契機。推動這個研習活動的椛田泰行先生，是壽城市空間服務股份有限公司的執行董事，接著說道：

「我們不能總是坐在辦公桌前，只顧著注意發展標示事業的科技，有時也必須走進城市，看看這個事業對誰、對什麼有幫助，又是如何帶來幫助。我覺得必須隨時思考這些事情。」

換句話說，他將手繪地圖工作坊視為可以讓公司內的夥伴，懷著相同的目標走進城市的好機會，並希望能夠善加利用。椛田先生笑著對我們說，他希望這個工作坊能讓上班中的員工「全力以赴地認真玩耍」。就如他所說的，工作坊成為考驗員工的創意與對成果的追求的「真本事遊戲」。

我們結束座談會，前往公司所在的濱松町，同時也是這次繪製地圖的對象地區進行採訪。首先訓練大家留意平常不會注意的「隱藏記號」，觀察在街上盯著看板與地圖的外國人與迷路者的特徵、與當地居民交流，就算把採訪當成標示事業的田野調查，也能感受到效果。

熱血製作地圖！夥伴間的相互理解與小組競爭意識

接著大家拿出採訪搜集到的資訊，開始製作地圖。這次請大家在A3大小的迷你手繪地圖上自由發想製作。

每四人一組，共分成四組，各小組開始埋首作業。組員都是不同部門的人，平常都在各自的崗位上，默默從事例行工作。或許是因為發現原本不熟悉的同事的個性與技能吧？各組都能看到許多突然綻放的笑容。或許是由笑容帶來的反應，大家都率先展開創造性的討論，同時動手製作。有小組製作素材剪剪貼貼；有小組使用資料夾測試呈現效果；也有小組埋頭苦寫。最後完成了接下來介紹的四張個性十足的地圖。

工作坊也是讓平常不熟悉的同事加深彼此理解的契機。

與平常不會一起工作的同事組成團隊。

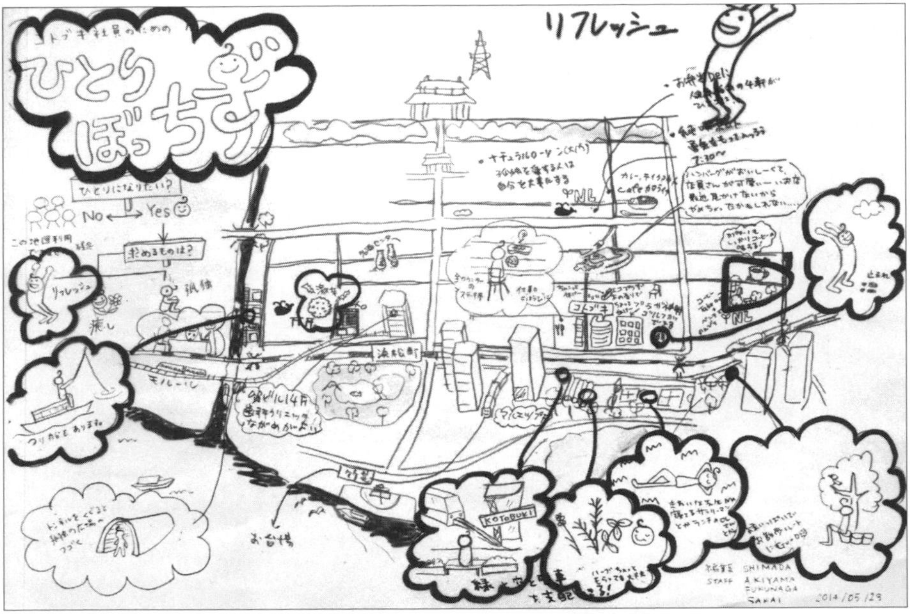

使用對話框強調想要主張的重點！（孤獨地圖）

以獨自品味濱松町為主題的「孤獨地圖」

這份地圖是為讀者介紹工作空檔中「獨自」享受在街上閒逛的路線，有稍微喘息的療癒地點、推薦的午餐地點等等。除了品味獨到，讓拿起地圖的人忍不住噗哧一笑的評論之外，以資料夾呈現不同主題的圖層也是有趣的巧思。對了，剛才測試呈現效果的就是這一組。

在製作地圖時，各自發揮專業領域的知識。

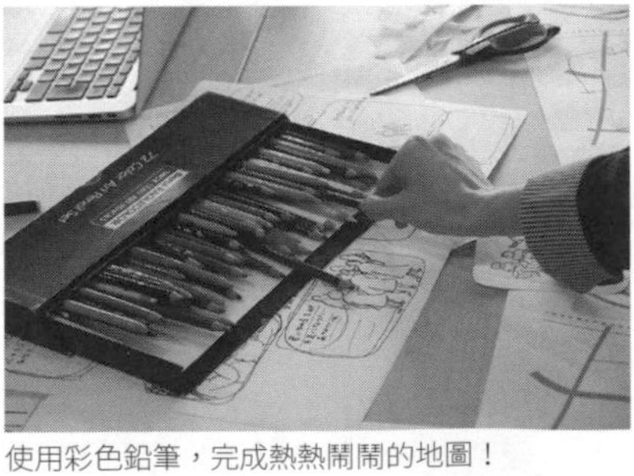
使用彩色鉛筆，完成熱熱鬧鬧的地圖！

這份地圖也有效地使用對話框與插圖。（心靈的處方箋地圖）

這份地圖使用對話框的方式很特別，非常地顯眼。乍看之下或許會覺得對話框太大，佔據了地圖空間，但比起版面過度整齊的地圖，如此豪邁的排版，更能展現手繪地圖的特質，而且更重要的是，還能清楚知道製作者「想要強調」的事物，讓人心生好感。

從人性出發！「心靈的處方箋地圖」

這份地圖仿照營養補充品，依照不同的「效能」，介紹濱松町的推薦地點，以及當地交織而出的人間群像。

如同大家看到的，這份地圖有效地使用大張「插畫」，為資訊分出輕重。這個小組的所有人，在外出採訪時都掌握「壓力」的觀點。如果採訪時觀點明確，回來後在製作地圖時，也能確實鎖定想要傳達的魅力。地圖上的評論也不會太正經八百，大家都能適當放鬆力道，展現小組融洽的氣氛。獨自一人製作的地圖，

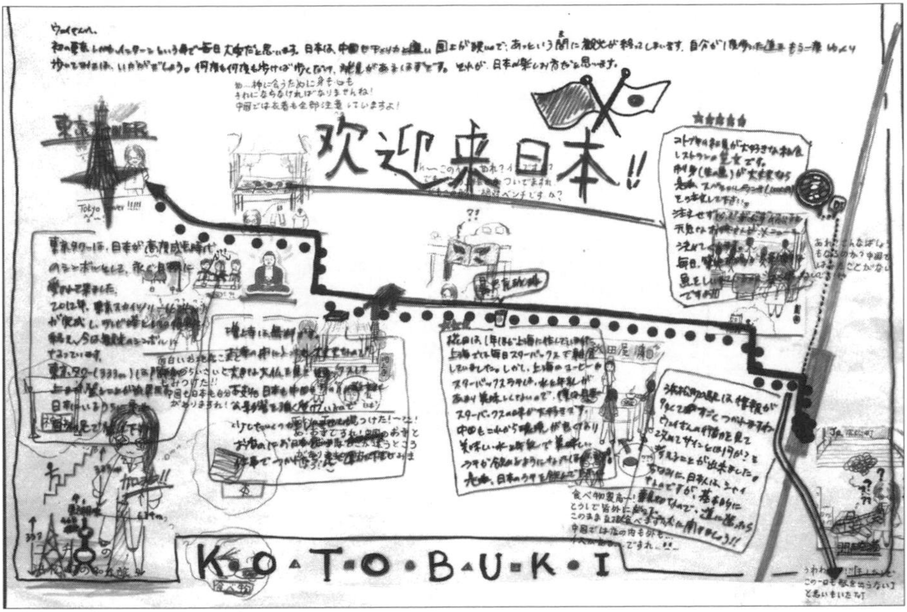

知識與說明也讓人忍不住閱讀。（濱松町地圖）

很難呈現這種團隊感。從地圖上可以窺見小組成員的人格、關心的要點等彼此契合，散發手繪地圖特有的「屬人感」。

適合海外人士的地圖「濱松町地圖」

這是由小組成員中的海外實習生魏（音譯）小姐，化身為嚮導所製作的地圖。透過來日本第三天的外國人視角所感受到的「日本濱松町」，印象非常地有趣。據魏小姐所說，公共場所有指定的吸菸區、參拜寺廟免費、在路邊站著用餐等，日本人認為理所當然的日常，都是在中國看不到的「驚人景象」。

更有趣的是地圖的結構，只要與資料夾重疊，就能看見同事們「樂遊日本的建議」。如果有很多想寫的內容，對話框雖然也是個有效的方法，但利用雙層地圖進行對話，更是聰明的設計！

「東京最佳好視野　From 濱松町」

這是一份由四名成員合力採訪製作的地圖，標出了可以清楚看見濱松町地標「東京鐵塔」的最佳地點。能夠在這麼短的時間內，完成如此細緻的採訪，可說是團隊合作的成果。這就是選擇與集中，因為如果發現絕佳主題，就要劃定調查範圍，讓主題變得更具體。

最希望大家注意的，就是「鐵塔出現比例的圖示」，手繪地圖特有的創意與溫度，讓地圖的氣氛一下子變得更有味道，建築物、道路、方向的變形也別有一番趣味，這種脫線感讓人深深著迷。與其畫得精美，坦率地將想要強調的事物放大，沒有過多的設計，不過於工整，更能呈現手繪地圖的奔放感，給人深刻的印象。

認真玩耍的他們所散發出的專注感，也傳遞給主持工作坊的我們。即使時間很短，所有人都朝著相同的目標製作地圖，過程與成果也給人非常深刻的印象。如果有這樣的場域，就能與在日常業務中很難有交集的其他部門同事組成團隊，趁機自然地發現對方的個性與信賴性。了解成員的興趣、喜好等「人格特質」，也對決定地圖的主題發揮極大的作用。此外，小組間的競爭意識能夠強化團結力，讓表現變得更豐富。

參加者們認真玩耍，大聲歡笑。這次的工作坊除了幫助大家發現平常上班場所濱松町的新魅力，也絕對能藉此感受同事的迷人之處，了解他們不同於工作的另一面。我們也得「更努力地玩」才行！

雖然文字不多，但透過插畫與記號直接傳達的巧思更棒。

地圖製作的訣竅　其④

地圖裡給地方的訊息

地圖製作工作坊的最後一個階段是簡報。接下來將介紹「Good Okayama Project」的活動，他們在岡山製作了三份不同定位的手繪地圖。

CASE STUDY

「Good Okayama Project」與三份議題型手繪地圖（岡山縣岡山市）

讀者也是形形色色！傳達給地方的三種展望

相同的場所也有如此不同的主題！將城市的開發與歷史重疊在一起

我們在岡山縣岡山市，接受以城市為舞台、依靠文化力量活化岡山的 Good Okayama Project 委員會委託，根據三種不同的切入點製作手繪地圖。

Good Okayama Project 是由 NPO 法人大家的聚落研究所、一股份有限公司、永旺夢樂城股份有限公司這三個組織發起的委員會，他們組成了「Local Food Hero Project」專案小組，使用當地農家生產的食材，協助舉辦在城市中聚在一起品嘗料理的文化性市民活動。

工作坊舉行的二〇一四年，正值永旺夢樂城即將在岡山站前開幕的時間點，他們希望來訪的人，能夠更了解包含商店街在內、岡山車站的周邊魅力，因此找上我們舉辦這次的活動。工作坊舉辦時，共有約二十名市民參加。有如此之多的參加者，就能各自決定繪製的地圖主題，即使在相同的地區，也能從不同的切入點製作地圖。而根據討論的結果，地圖的主題分成以下三個方向。

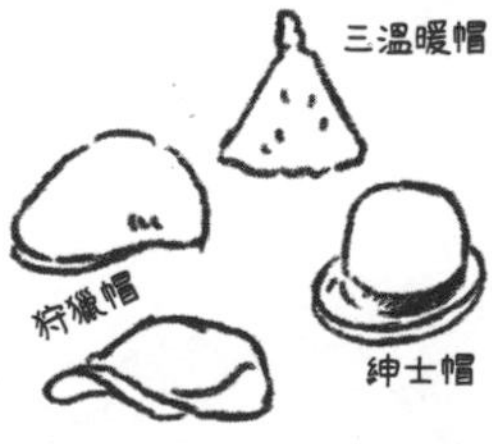

地圖就是給讀者的簡報

地圖之所以分成三個主題，不只是為了向岡山以外的人傳達這裡的魅力，參加者也希望藉此難得的機會，更加了解自己居住的城市，再加上這裡是市中心，他們也企圖提出愉快解決城市課題的方法，手繪地圖推動委員會也是第一次製作社會議題型的地圖。那我們就分別來看這三種地圖的製作過程，並順著簡報的意圖，探索他們想要傳達給讀者的訊息。

1
說故事型

採訪、介紹居民與商家的
歡笑與淚水等，
深入故事的地圖。

2
社會議題型

在地圖中，
對平常感受到的社會課題
提出建議，
打造理想的城市。

3
觀光宣傳型

將岡山隱藏的魅力化為視覺，
製作除了岡山居民之外，
外地人也能愉快閱讀的地圖。

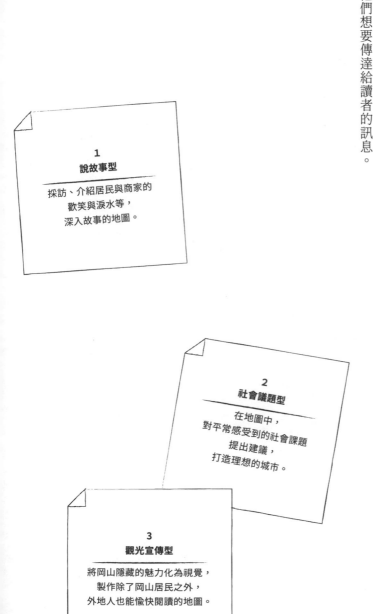

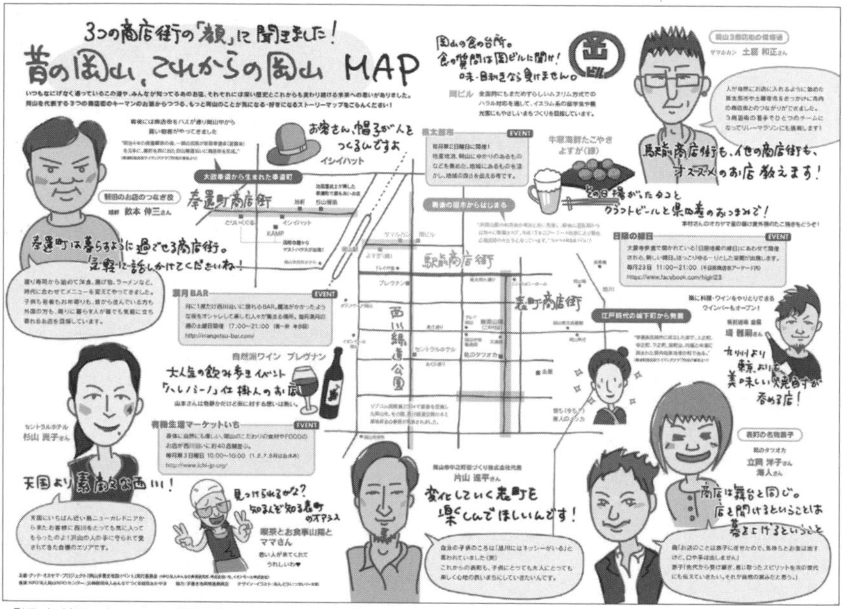

「過去的岡山，未來的岡山 MAP」。真不愧是商店街的名人，無論是談論過去的事情，還是提供對未來的建議，都充滿了愛（插畫與設計：安藤一生／一生堂）。

說故事型

訪問三條商店街的名人！
「過去的岡山，未來的岡山 MAP」

岡山有三條代表性的商店街（奉還町商店街、岡山站前商店街、表町商店街），這份地圖的主題，就是訪問老店的關鍵人物，請他們談談岡山的過去與未來。

大家首先討論想要訪問的人，接著實際前往商店街採訪。由於製作小組與知名老闆在田野調查的時間內聊得太開心，當天只拜訪了兩家店，只好日後再次約訪。他們訪問之後才發現，介紹老闆不為人知的個性特質與故事，更容易傳達魅力。於是製作小組就完成一張得的圖畫紙，就貼著幫助讀者了解岡山過去的故事與關鍵字、老闆肖像畫及照片等素材。根據這份圖畫紙分出資訊的輕重並繪製插圖後，完成的就是接下來介紹的手繪地圖。這是一份看得見老闆長相的地圖，如果初次來到岡山的人，也能產生「真想見見這個人」的想法，那就太令人欣慰了。

而再次訪問之後，也出現了許多就連在岡山生活的人也不知道的故事，像是「據說旭川（流經市中心的一級河川）曾出現過水怪」、「戰後許多人從四面八方來岡山購物，巴士甚至開進商店街裡」等等。

一股份有限公司的董事河上直美女士也說：「這是個寶貴的機會，能夠參加真是太好了。」令人印象深刻。

由此可知，手繪地圖也能當成一種「契機」，讓當地人傾聽、訴說平常隱藏起來對自己生活所在地的想法。

田野調查的時間不夠用，另外約時間繼續訪問才完成的圖畫紙。

「OKAYAMA WONDER LAND MAP」。介紹以正向方式解決地方課題的創意，是一份創新的手繪地圖（插畫＆設計：宮本麗莎（FRAGMENTS））。

社會議題型

透過趣味方式解決由市民提出城市課題的創意紀錄「OKAYAMA WONDER LAND MAP」

要是有人幫忙解決日常生活中感受到的「城市課題」就好了，但這應該是政府的工作吧？大家總覺得這些課題事不關己。這次也藉著工作坊的機會，將市民志工聚集在一起，請大家思考以趣味方式提出解決城市課題的點子。

如果是一般的手繪地圖工作坊，會先提出關於地方的題材，依此進行田野調查，但這次屬於「社會議題型」工作坊，因此採取了不同的方法。我們先請參加者在便條紙上寫出平常在城市裡覺得困擾的問題，或是應該改進的地方，接著將這些議題分成商店街課題、自行車課題、親子課題、公共空間課題……等不同的領域，並且根據課題提出想法，思考該怎麼做才能讓岡山變成「Wonder Land（愉快的地方）」。「即使是城市課題，也能玩出愉快的新創意。」為了傳達這樣的訊息，採用活潑的美工字體與插畫呈現也是巧思之一。

標題「Wonder Land」的「Wonder」，也含有「自由自在發想」的意義。正因為這個區域地形平坦，騎自行車的人很多，地圖中才充滿了讓騎車變得更方便、更愉快的方法，以及把商店街打造成交流場所等巧思。這份手繪地圖成為一個契機，讓居民嘗試在娛樂中思考解決城市問題的策略，改變看待城市的角度，自己也考慮成為參與公共事務的主體。

在發表用的圖畫紙上，以關鍵字為中心進行說明。除了這張圖畫紙之外，便條紙上還有許多點子。

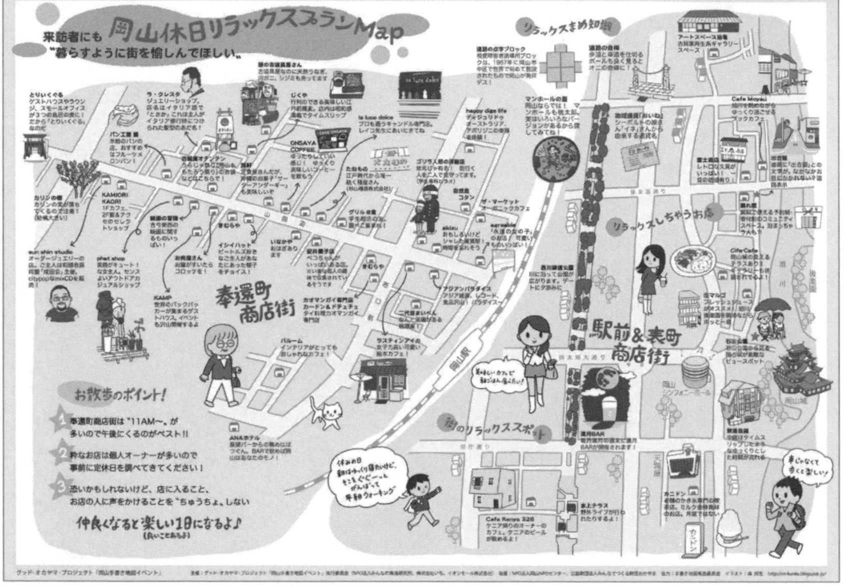

「岡山休假日充電計畫 MAP」。「希望造訪岡山的人，能像居民一樣享受這座城市」基於這個概念介紹景點的手繪地圖（插畫與設計：森邦生）。

觀光宣傳型

希望來訪者像居民一樣享受這座城市
「岡山休假日充電計畫 MAP」

這是為了讓來岡山旅遊的人，能夠享受城市漫步的樂趣所製作的地圖。遊客可以在咖啡店放鬆、購買小吃、與居民對話、從不同於日常的場所看風景，「下車徒步逛市區，能夠發現平常不會察覺的趣味」，就是這份地圖繪製時採用的觀點。

「觀光宣傳型」小組的地圖範圍較大，座談會與田野調查分兩次進行。第一次將重點擺在岡山車站站前與東側的表町商店街。第二次則擺在岡山車站西側的奉還町商店街。

街上真的有很多景點以及有趣的地方。地圖上除了介紹這些之外，為了符合「休假日充電計畫MAP」這個主題，也用心撰寫評論，供讀者挑選散步路線時參考。必看的事物則使用插畫，花心思吸引讀者的目光。

左下角的三條「散步重點！」寫著與店家愉快交流的秘訣，蘊含了希望遊客享受「人情味」的訊息。地圖中也介紹了來岡山的觀光客，不太常造訪的西側奉還町商店街，透過插畫與評論傳達這裡存在著有趣的商店，也是手繪地圖特有的「偏愛」。

傳達給誰？傳達什麼？相同的區域也能完成不同的手繪地圖

到此為止介紹了在岡山製作的手繪地圖，大家覺得如何呢？這三份手繪地圖雖然都以岡山車站周邊區域為舞台，卻因為設定的主題不同，風格也迥然而異。由此可知，傳達的對象與傳達的內容不同，就連表現方式也會跟著改變。

手繪地圖是能夠展現地方的多樣化面貌，傳達參加者問問題意識與對地方想法的工具。附帶一提，進駐岡山永旺夢樂城

在奉還町商店街進行第二次田野調查，並整理成果。圖畫紙上已經寫著愉快享受這條商店街的重點。

以岡山站前商店街與表町商店街為主的第一次田野調查，成果呈現在圖畫紙上。

的「未來屋書店岡山店」，也將最後介紹的「岡山休日充電計畫MAP」做成了的紙書衣。

思考如何活用完成的地圖，也是手繪地圖的樂趣。那麼就讓我們進入下一章吧！

第5章

實用的點子也分享給大家！

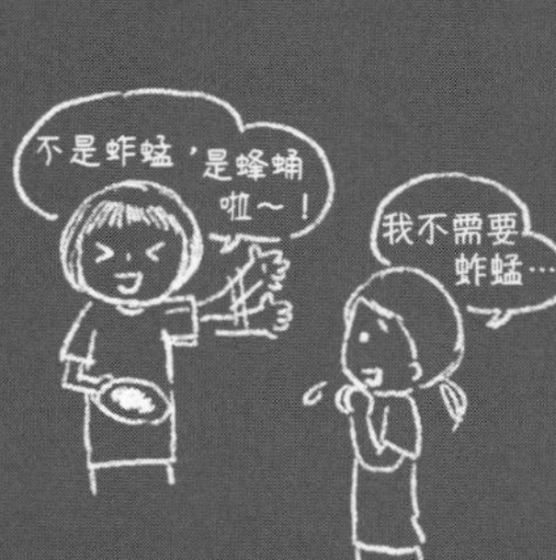
不是蚱蜢，是蜂蛹啦～！
我不需要蚱蜢…

完成不是結束，而是開始！

截至上一章為止，介紹了手繪地圖的製作方法：發現地方魅力、蘊含地方愛的手繪地圖；在製作過程中看見的事情、透過共同製作結交的夥伴，都是重要的成果。不過，好不容易完成的手繪地圖，如果沒有機會讓人看見，就無法傳達地方的魅力，因此本章將介紹手繪地圖的流通與活用方法。我們主張，流通也要保持「手繪地圖」的特色，以愉快、自由、符合這份地圖與這個地方的方法進行。那麼就讓我們開始吧！

完成才是手繪地圖的開端，是傳達地方魅力的起點，好不容易製作的手繪地圖該如何流通，是一件非常重要的事情。

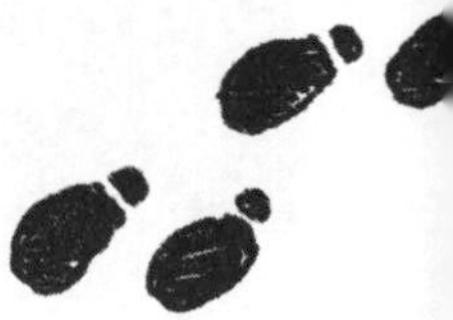

首先拿給製作過程時採訪的對象

將手繪地圖放在「能夠一邊幫忙發地圖也能一邊交流的人之處」，是手繪地圖推動委員會所重視的一點。像是舉辦手繪地圖工作坊時採訪的店家、當天提供協助的單位等，請他們協助發地圖是最好的方法。手繪地圖完成之後請務必拿給他們看看，一方面也是作為在工作坊時協助採訪的謝禮。

受訪的一方也會很開心地閱讀完成的地圖吧！身為地方的一員，應該會對地圖如何介紹自己、另外還介紹哪些地方，以及用什麼樣的切入點介紹自己生活的土地。

如果受訪的店家樂意把地圖放在店裡，也請他們在發地圖的時候，順便跟來店裡的人說：「這份地圖也介紹了我們喔！」這就像本書的第一章也提到，手繪地圖是「與當地人交流的通行證」，最大的優點就是能夠創造當地人與來訪者交流的契機。對來訪者而言，與造訪的店家交流將成為最美好的回憶，如果店家介紹了其他值得一訪的地方，也會在記憶裡留下印象。

有時候只是拿著手繪地圖走路，當地人就會來找你攀談，他們會想要幫助「拿著朋友自製手繪地圖的訪客」，也會覺得「對方就像朋友一樣容易搭話」。越是有機會與來訪者（觀光客）接觸與交流的受訪者，越需要當面請對方幫忙發放地圖。

還有另一件重要的事情，那就是請工作坊的當地參加者，向當地人宣傳地圖的存在，地圖中呈現的是自己發現的魅力，因此在介紹給朋友時，想必也會懷著熱情。如果當地人知道地圖「是某某人製作的」，日後遇到帶著這份地圖的人，就會覺得他是「夥伴的夥伴」，更有可能對他伸出友誼之手。

也不要忘記動線上的重要據點

不管是手繪地圖還是普通地圖，車站、機場之類的交通據點，或是休息站、旅客服務中心等，都是人群流通的重點地方。但我們也希望大家在發放手繪地圖時，能夠根據內容與目的，下功夫安排流通的據點。

舉例來說，沼津市製作手繪地圖地的目的是讓前來港口的觀光客，有機會順道前往位在車站與沼津港之間的商店街。因此他們將地圖擺放在觀光客往來會經過的地方，像是車站、前往沼津港時會搭乘的接駁車上（只在沼津水產祭期間行駛），也請當地計程車在車內發放。除此之外，他們還請體驗型觀光設施「Lot・n」協助成為發放據點。「Lot・n」是活用狩野川提供河畔烤肉與獨木舟等體驗的設施，像這種提供活動體驗的觀光據點，會有許多活潑觀光客前來，看似能夠開開心心活用手繪地圖，是最適合成為發放場所。

請來訪者分享自己的體驗

其實最腳踏實地、最有效果的方法，就是請實際使用手繪地圖的人，在社群網站上發表他們的體驗。這麼做太勉強別人了……大家可不能這麼想呀。

根據手繪地圖推動委員會的經驗，就如同本書一再提到的，越多人在社群網站上發表「這份地圖讓我和當地人產生了交流」、「如果沒有這份地圖，我就不會去到那個地方，在當地的體驗真是太棒了」等等，就越能將手繪地圖與地方的魅力，傳達給他們的親朋好友。因此，挑選手繪地圖發放地點時不能偷懶，必須將手繪地圖放在適當場所（正確來說，是喜歡聊天、熱心的人所在的地方），才能發揮其作為「與當地人交流的通行證」的威力。

愉快地絞盡腦汁所實現的獨特流通點子

前面雖然介紹看似最正統的流通場所，但是就手繪地圖的精神來看，卻仍是非常重要。接下來則要介紹相當有創意的手繪地圖流通點子。這些都是根據手繪地圖的目的，絞盡腦汁想辦法將這個目的傳達出去，最後愉快實踐的成果。希望能成為參考。

手繪地圖紙書衣，與在地書店的合作創造回訪契機

照片中的紙書衣，就是第四章介紹過的岡山手繪地圖的流通範例。工作坊製作了三份地圖，其中有專為來訪觀光客設計的「岡山休假日充電計畫MAP」。他們為了將手繪地圖發給來訪者，有別於正統的流通重點，採取製成

岡山的手繪地圖除了被發放外，同時被展示在站前的岡山永旺夢樂城商場。這已經成為一幅作品了，對製作者或是對當地人而言，都是驕傲的展示（二〇一四年二月）。

手繪地圖非常適合製成紙書衣！

紙書衣的方法（現在已經發放結束）。

提供這份紙書衣的是岡山車站旁岡山永旺夢樂城的「未來屋書店岡山店」，發放對象是所有購買書籍並提出索取書衣要求的顧客，「只要買了新書，就能遇見新的岡山」這是個非常聰明的概念，想必也有人日後想要帶著這份手繪地圖紙書衣，再度拜訪岡山吧？

對書店而言，發紙書衣就能為地方帶來貢獻的點子，也讓他們更容易提供協助。

購物手提袋，創造地方印象

大家經常在觀光協會或市政府主辦的活動中，拿到裝有傳單的手提袋吧？這個手提袋裡裝著宣傳地方的資料，因此成為了解地方魅力的第一印象，是相當重要的宣傳品。

住在佐久市的手繪地圖推動委員會成員——設計師江村康子研究員，透過長野縣佐久周邊的設計組織，接到了重新設計手提袋的委託。江村研究員繪製這份手繪地圖提袋的想法如下：

「佐久市是一座在十年前因為行政單位合併而擴大的城市。由於幅

傳達地方的特色，收到會很開心的設計。

用來裝農夫市集的農產品也不錯呢。

員廣大，被問到佐久市的特色時，老實說也無法用簡單的一句話回答……既然如此，就不用將特色限縮在一個範圍，乾脆全部介紹給大家吧！能夠這麼做也是手繪地圖設計的優點。

難得有這個機會，就來介紹一下佐久市吧。這座城市位於輕井澤與清里之間，海拔高，冬天非常寒冷。有時最高氣溫不到零度，甚至會低於零下十度。但降雪卻出奇的少，有些地方為了除雪與敲碎地面的冰，隨時備有十字鎬。有些長輩家裡，六月才剛收好暖爐桌，到了九月又要拿出來……

這裡也有很多人從事農業，對於蔬菜的美味十分自豪。夏天可以採收小黃瓜與櫛瓜，冬天則能夠採收白蘿蔔、蘋果、白菜，也會分給親朋好友。

就如袋子上寫的，佐久到處都有溫泉，天空高遠，風景秀麗，有保佑健康長壽的地藏菩薩，也有歷史悠久的中山古道通過，歡迎大家來玩～。從東京搭乘新幹線前來只要九十分鐘，推薦在冬天特別寒冷的時候來！空氣非常澄澈清新，只不過真的超級冷呀。」

繪製這份手繪地圖的江村研究員，因為結婚才搬來佐久市。因此不僅具備外地人的觀點，也能發現佐久市的魅力。雖然照片拍攝時，在袋子裡裝入蔬菜水果拍攝是個偶然，但如果在農夫市集之類的場合拿到商品，並裝在像這種印有產地資訊手繪地圖的袋子，也能想像採收的地點，應該是一件令人開心的事情吧！

圖層資料夾，透過多個切入觀點呈現地方

來自千葉縣香取市的越川先生以手繪地圖所製作的「圖層資料夾」，雖然在第一章也介紹過了，但在這裡還是不能漏掉。據說這個資料夾的創意，來自東京理科大學的學生。

資料夾事先印上現在的道路與號誌，再依照目的分別夾入沿著河川與街道繪製的「佐原街景」、「指定文化資產」、「伴手禮．餐廳．住宿」等不同主題的插畫地圖使用，創意十分傑出（但目前已經沒有庫存）。

分清楚每一張地圖想要傳達的內容，如果有其他想要傳達的事情，再製作別的地圖，這麼一來，每張手繪地圖想要傳達的主題，就能有明確的特徵。而且這麼出色的點子，能夠成為傳達地方多樣魅力的強大工具，畢竟每個地方都擁有多種不同的面貌。

引起話題的擦手巾

這是嘗試將手繪地圖畫在「擦手巾」上的提案。其實這個想法還沒實現，只是先放在心上，希望日後在有溫泉的地方舉辦工作坊時能夠成真。

希望在溫泉區販賣「手繪地圖擦手巾」。

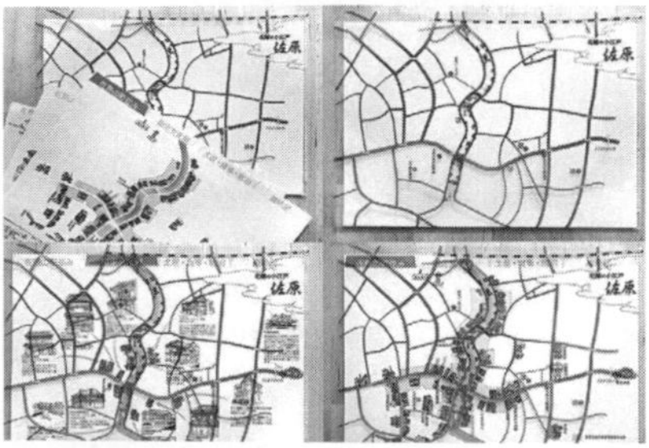
這樣的創意最適合傳達地方的多種魅力。

如果在溫泉旅遊區，販賣印有手繪地圖的擦手巾，從外地來泡日歸溫泉（僅泡湯，不住宿）的人，可以邊泡邊研究擦手巾，思考著「等一下要去哪裡？」應該也是很不錯的體驗。當地人看到之後，說不定會開始七嘴八舌地說「這家店不能錯過！」、「不然這家店怎麼樣？」……等等。如果將手繪地圖當成引起話題的工具，我想擦手巾會是一個非常好的切入點。

手繪地圖不一定要印在紙上流通，只要方便隨身攜帶、辨識性高，任何媒材都可以。由此可知，一定會有符合當地特性「手繪地圖流通的點子」。大家不妨也來想想看，有哪些可以成為溝通契機的流通點，必定能找到最適合你所在之處的流通手法。

明信片，與世界級餐廳分享全球據點

在手繪地圖推動委員會接到的委託當中，也有將地圖使用在全世界的案例。這次找上我們的是世界知名日式料理餐廳「NOBU」。應該有不少人知道這個品牌，因為不僅有「實業家、演員、名人趨之若鶩的『全球最紅日本主廚』NOBU」這樣的懶人包，合夥人竟然還是勞勃・狄尼洛（Robert Anthony De Niro Jr.）!!

正因為這是個以全世界為舞台的餐廳品牌，所以店內使用的日式餐具、日本酒等都由日本出口，以利品質控管。找上我們的是負責出口的公司 Matsuhisa Japan，希望我們能製作以手繪地圖呈現全球分店的名信片。

這樣的世界級品牌，為什麼會找上我們手繪地圖推動委員會呢？我們向負責行銷的福本亞紀子女士提出這個問題，她這麼回答：

我們認為手繪地圖創作家江村老師繪製的世界地圖，充分表現出我們溫暖人心的世界觀。NOBU與Matsuhisa是在全球共有四十七家分店的日式料理餐廳（採訪當時），雖然也有不少人喜愛我們的奢華，但我們只希望來店的顧客能夠開心滿意，我們認為手繪地圖能夠表現出我們這種溫暖的想法。從日本出口到海外的日本製品，都會附上這張明信片，非常感謝你們能夠以日本傳統鮮豔、可愛的手繪地圖手法完成這件作品。

據說日本出口的陶器等產品，使用浮世繪作為包裝材料，所以浮世繪才會流傳到歐洲。我們也希望透過在全球開設餐廳、進駐飯店的NOBU，與餐具、酒等一同出口的日本商品，讓各地看見附贈的「手繪地圖明信片」，將手繪地圖的美好

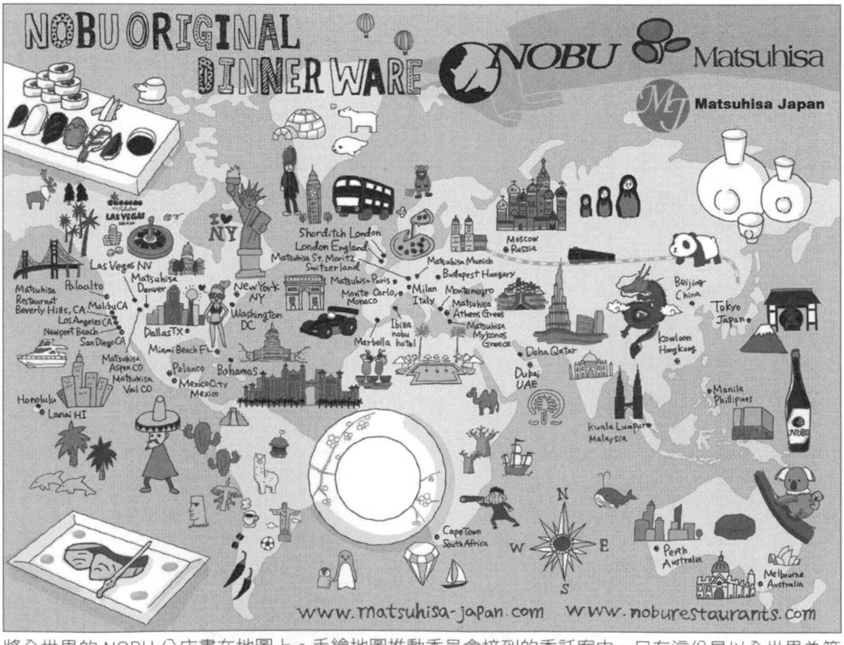

將全世界的NOBU分店畫在地圖上。手繪地圖推動委員會接到的委託案中，只有這份是以全世界為範圍的手繪地圖！（插畫：專業手繪地圖創作家・江村康子研究員）

推廣到全世界。

如果有一天，大家提到日本就會想到「手繪地圖的國度」那就太好了。

手繪地圖唯一的缺點：難以協助傳達正確位置

接下來想跟大家聊聊手繪地圖的缺點，我想大家或許已經注意到，手繪地圖最大的缺點，就是難以辨識目前所在地。搞不清楚自己現在的位置，只好把地圖轉來轉去……這是不擅常看地圖的人共通的行為。但自從智慧型手機普及之後，不會看地圖的人也能輕鬆抵達目的地。

手繪地圖為了強調主題資訊，有時就連可辨識的地標等都省略，對於不會看地圖的人來說，即使好不容易在手繪地圖上找到想去的地方，卻搞不清楚在哪裡也沒意義。唉，這麼有趣的手繪地圖，如果能在手機上看就好了……這麼想的人也不少吧？

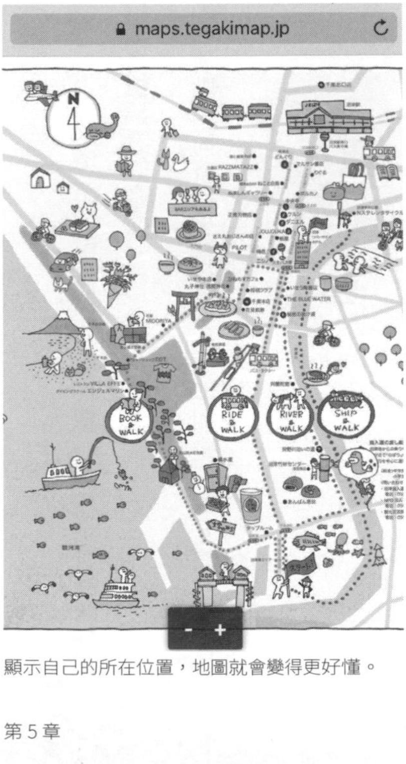

顯示自己的所在位置，地圖就會變得更好懂。

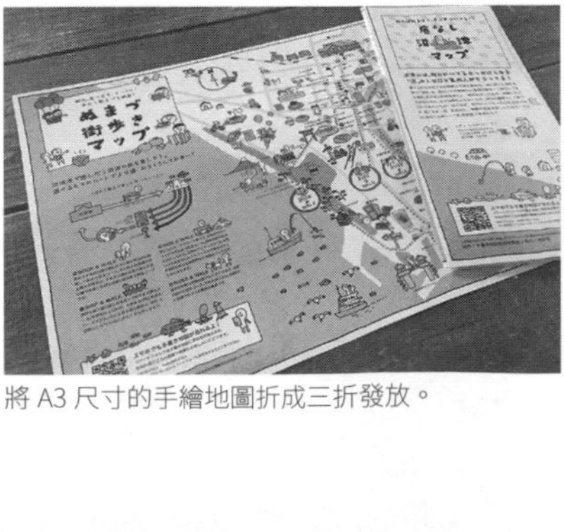
將 A3 尺寸的手繪地圖折成三折發放。

使用手機上的 GPS，輔助補充地圖的正確性

手繪地圖也能使用智慧型手機上的 GPS（位置資訊），在地圖上顯示自己的所在地。照片是將靜岡縣沼津市製作的「沼津市街散步地圖」，附上位置資訊並透過手機觀看的畫面。

手繪地圖推動委員會也能像這樣不僅保留手繪地圖的優點，同時使用科技讓手繪地圖變得更方便，歡迎找我們諮詢。

超乎想像！手繪地圖意想不到的應用

接下來介紹的與其說是手繪地圖的案例，不如說是手繪地圖製作活動所帶來的附加成果。雖然說是「附加」，但就內容來看，效果甚至超越手繪地圖，沒想到透過手繪地圖工作坊，能夠創造出這麼棒的應用。

前言也提到，手繪地圖工作坊的參加門檻低，參加者能夠一起發現地方的魅力，獲得製作地圖的成就感與貢獻感，發現地方活動的樂趣。這些一起經歷手繪地圖製作階段的人，說不定自然而然就開始實現下一個創意。在這樣的地方活動中，結交積極的夥伴，也是手繪地圖的力量。

最適合自主學習──在小學生的綜合學習課舉辦工作坊

「綜合學習課」是由學童自主決定學習主題，自主安排進度的課程。第二章介紹的橫濱市立大岡小學六年

二班的同學，就在該校綜合學習課程「大岡時間」中，投入地方手繪地圖的製作，希望能做出傳達地方魅力的地圖。真是太優秀了！我們也得全力輔助才行！

通常手繪地圖工作坊得花整整一天，甚至好幾天舉辦，但小學一節課只有四十五分鐘，我們只有兩節課，也就是九十分鐘的時間講解手繪地圖。六年二班同學積極的學習能量，在這九十分鐘澈底震撼了我們……儘管我們反省自己是不是用了太多困難的生字，卻也介紹手繪地圖的魅力、繪製方法、採訪方法等等。雖然我們不是教育者，但學生們能夠透過手繪地圖的製作過程，了解自己居住地方的發展與歷史，還是會不自覺感到欣慰。能夠基於自己的興趣，挖掘地方的資訊，就能對自己居住的地方感到驕傲吧？

三個月後，我們再一次拜訪大岡小學。當時以當地弘明寺商店街為中心的手繪地圖已經接近完成，六年級同學的畢業典禮也即將到來。而就在這時候，大岡小學六年二班從事的活動，竟然入選二〇一八年橫濱情報文化中心舉辦的「第一屆濱之子未來公司計畫學習發表會」，於是學生們就在許多大人面前大方地進行報告。他們介紹了設定這個主題的始末，當大家一起思考在六年級的綜合學習課「大岡時間」要學些什麼時，決定透過製作插畫地圖與立體模型的方式，將當地歷史悠久的「弘明寺商店街」的魅力介紹給地方居民。

「製作手繪地圖」適合「綜合學習課」的理由

團隊思考而非獨自思考。

需要採訪，所以能夠成為向別人提出問題、引導話題的訓練。

不能只把搜集到的資訊列出，還必須思考主題與切入點，進行編輯整理。

不是把地圖做出來就好，還必須思考流通方式。

也提到實際製作地圖後發現，成品與現有的地圖沒什麼兩樣。後來遇到手繪地圖推動委員會的協助，才發現原來也可以透過自己的觀點介紹地方。他們仔細說明本書一直強調的心態，像是「換個觀點採訪吧！」等等，他們的報告非常用心，大家的雙眼都閃閃發光，傳達出堅定的意志與對這份地圖的認真。

小學生的「綜合學習課」沒有制式化教材，面對問題也沒有固定的答案，必須挑戰現實社會的課題，自主思考解決方式，手繪地圖之所以適合這樣的課程，理由就如前頁下圖所示。

最近開始，「討論程式學習」將從二〇二〇年開始成為必修課，手繪地圖雖然是一種超級類比的手法，但如果今後與數位要素相乘，或許會變得更加有趣。像這樣以「地育」（地圖＋教育）為關鍵字，強化日後綜合學習中的產學合作，將成為日漸重要的意識。在綜合學習製作手繪地圖。手繪地圖推動委員會也希望能在這個領域提供幫助。

引進企業研習——問題發現，非常適合團隊合作！

能不能在企業研習中舉辦手繪地圖工作坊呢？第四章也介紹過的壽城市空間服務股份有限公司，找上我們合作的案例。

肩負公司未來的參加者，不僅透過手繪地圖工作坊，親身感受到事業的提示，也發現自己對於在組織中工作的坦率感想、意外觀點以及全新發現。接下來將介紹其中幾項。

「我可以感受到『田野調查』對於工作的幫助，像是注意平常容易看漏的記號的訓練、為標記事業中融入的新要素提出證明的方法、在街上停下來看地圖的外國人與迷路者的特徵調查、以及與地方民眾溝通的有效手法。」

「在工作坊中，可以和日常業務絕對沒有機會合作的不同部門同事共組團隊，發現對方作為工作夥伴的可靠性與豐富的感受性，感覺今後一起工作的可能性。」

「進一步了解公司的夥伴，從中感受到極大的價值。」

「原來散步、感受、思考、討論、強調、合作完成一項工作的過程是這麼的愉快……」

工作坊參加者的感想。

「在員工研習中舉辦手繪地圖工作坊！」原本不知道會發生什麼事，但結束之後卻發現出乎意料地適合。員工以繪製地圖為目標組織團隊展開行動，了解彼此在日常業務中看不見的另一面。此外，只有在拋開工作、回歸玩心的環境下，才能從平常看慣的地方，成功發現許多提示與點子。這兩點就是手繪地圖也適合員工研習的理由。公司的人資負責人如果讀到這裡，不妨也試試看吧？

地方名產復刻契機，重溫歷史也有手繪地圖的功勞

第三章介紹了山形縣遊佐町的「遊佐十日町回憶地圖」。這份地圖由熟知當年回憶的當地人（平均年齡七十歲）主導，加上幾個不清楚昔日繁華的孩子、來自外地的手繪地圖推動委員會成員，將近三十人齊心協力完成，工作坊是一場讓人強烈感受到，必須將隨時代逐漸模糊的記憶化為視覺並傳承下去。

而製作地圖不是這個工作坊的結束。解散後，準備回

家的參加者開始討論：「不如我們在歲末市集販賣馬糞饅頭吧？」沒想到竟然從繪製一九五〇年代遊佐町的手繪地圖，發展成名產的復刻！

雖然只是期間限定，但「馬糞饅頭」在數十年後的二〇一八年再度復活。商品以印著工作坊製作的「十日町通回憶地圖」的包裝紙包裝，交給購買的人。

我想，就是因為在工作坊中，有這些一起描繪當時情景的夥伴，才能立即將復刻名產，或是把地圖印成包裝紙的想法付諸實行。重溫當地的歷史，是這個地區獨一無二的美好體驗。

像玩遊戲一樣！發展成地方探險計畫

長野縣飯田市遠山鄉是位於海拔八百至一千一百公尺的高地聚落，有「日本的提洛爾（Tirol，位於奧地利）」之稱，這裡正在進行一項費時三年的計畫。第一年以放暑假的孩子為對象，舉辦手繪地圖工作坊，第二

「馬糞饅頭」的包裝紙。大家一起繪製的「十日町回憶地圖」。

年的任務則是「製作口碑旅行用的手繪地圖」。

大家參考上次遠山鄉的孩子在暑假時製作的手繪地圖，思考地圖製作的方向。再回顧過去的工作坊後，作戰會議終於開始。大家邊討論著各自想透過手繪地圖介紹的景點與故事，邊在圖畫紙上畫出來。這時突然有人說：「透過地圖介紹的資訊如果有難易之分，不是很有趣嗎？」

這句話點燃火苗，使會議變得更加熱絡。

「不然把地圖的主題設定成需要一一解任務的勇者鬥遠山（模仿「勇者鬥惡龍」）這款角色扮演遊戲，根據難度解任務如何呢……？」

「如果變得像遊戲一樣，那我想設置扭蛋機（笑）！」

「這裡有夢幻溫泉喔！」

「大家知道貓橋嗎……？」

出發進行「勇者鬥遠山」的地方探險遊戲。可以將地圖夾在板夾上，帶著地圖去探險！（插畫：專業手繪地圖創作家．江村康子研究員）

「還有會送滑菇的角色（人）。」

「也有我們才去得了的，抵達難度絕頂困難的廢棄村落。」

「更有夏日祭典才吃得到的美食！」

大家連珠炮似地提出，在遠山也只有少數人才知道的秘密景點或吃得到的秘密美食等超不平凡的資訊。

如果容易抵達，第一次到遠山鄉的人也能輕鬆造訪的景點是一級；那麼四級以上，就是難以靠自己的力量到達（可能會迷路!?），必須與當地人熟稔才能獲得情報，或是對方才會帶路的地方。而當地也存在「遠山嚮導」，能夠提供解開遠山任務所需的提示。

本書多次強調，帶著手繪地圖閒逛時，最有趣的是與當地人的交流。手繪地圖精心提供當地特有的體驗，以及促進與當地人交流的設計。手繪地圖完成之後的下一個階段，不妨也挑戰看看這類促進冒險的安排吧！

クエストボード

遠山クエストとは
神々の住まう山、人々の暮す谷。数々のウワサやナゾが残る
南信の秘境遠山郷を探求（クエスト）すべく、冒険すること!!
MAP片手にいざ遠山郷へ!!

レベル	名所	グルメ	神	季節	動物	人
Level.1 ★☆☆☆☆ 来れば出来る	●かぐらの湯 ●和田城 ●観音霊水 ●木沢小学校 ●龍淵寺 ●ヨシマルヤストア ●マルモ ●ひょうたん	●まる西屋 ●たまりば ●下栗芋 ●藤姫まんじゅう ●スズキヤ ●星野屋 ●紺屋	●スズキヤの猪神	●紅葉（秋） ●かぐらの湯（イルミネーション）	●鈴木さんのまめちゃん ●九官鳥	●遠山の人と話してみる ●遠山郷にチェックインする
Level.2 ★★☆☆☆ ちょっと探す	●猫の橋 ●ボダリング	●遠山川で釣った魚を食べる ●光穂 ●大島屋の温泉 ●マルモの今川焼	●おちんの神	●川遊び（夏） ●桜（春） ●霜月祭（和田）	●あまごを釣る ●ムササビの穴 ●鹿を見る ●猫校長と会う ●ツルとカメ	●遠山の人と飲む ●ジンギスカンをお土産にする
Level.3 ★★★☆☆ 頑張れば…?!	●ムササビの穴	●マルモの「大人のかき氷」（御射山祭限定）	●願いの叶う神様 ●夜泣きの収まる神様 ●熊野神社	●御射山祭（夏）	●フクロウを見る	●遠山郷に友だちと来る
Level.4 ★★★★☆ アクセスやや難。地元の人とのコミュニケーションが必要！	●青いポスト ●森林鉄道に乗る ●わき水制覇	●ナメコをもらう ●マムシ酒 ●スズメバチ酒 ●ハンターの作る鹿肉カレーを食べる	●マムシよけの神様 ●小嵐稲荷 ●宇佐八幡神社	●霜月祭（木沢） ●人形劇を見る	●鹿の解体を見学 ●カジカを捕まえる	●遠山郷の人の家に泊まる ●チョキ兄の緑茶パック
Level.5 ★★★★★ アクセス難！運と友情と愛と覚悟が必要	●五色温泉 ●ナガトロ橋を渡る	●猪肉を食べる ●自分でとったキノコを食べる	●目の神様 ●歯の神様	●禊をする	●マムシを捕まえる（5,000円）	●遠山の人と結婚する ●遠山郷に移住する

地方探險的難度共有五級，是不是想要全部征服呢？！

手繪地圖是「把人拉進來變成當事者」的工具!?

製作手繪地圖時，在參加者齊聚一堂的情況下，介紹流通與活用的參考範例，更容易想像目標，效果也更好。「自己繪製的作品可能有哪些應用」、「帶來什麼樣的影響」，這些想像越是具體，越能感受到參加者逐漸升起的熱情。

製作、傳播，這麼寫雖然簡單，但希望大家為了「傳播」而努力時，也能享受與製作同等的樂趣。不妨將手繪地圖的傳播也當成遊戲一般樂在其中。到此為止介紹的案例，都是如孩子般天真享受提出的創意，並且付諸實行。如果回歸赤子之心，你會怎麼分享地圖呢？又會怎麼應用地圖呢？請從這樣的角度去發想……雖然有些案例真的是孩子們想出來，但多數手繪地圖應用的實例，就如孩子的惡作劇般有趣，或許是因為工作坊現場動手製作的氣氛，像是玩耍般，讓參加者彷彿回到童年時代。

「將地方的人拉進來，變成當事者」從這點來看，手繪地圖依然蘊藏著許多可能性。手繪地圖推動委員會的全體成員，由衷等待閱讀這本書的讀者，也回報新的活用案例唷（可以上傳到第二〇七頁的官方網站唷）。

結語

我有一張經過反覆折起攤開、折起又攤開的A3影印紙，已經幾乎快從折痕裂開了。在這張黑白的手繪地圖上，以粉紅色螢光筆在感興趣的地方所做的記號，特別地顯眼醒目。

這張紙就是在第一章介紹的「都幾川食品具Shopping MAP」手繪地圖。已經過了大約八年了吧，我至今依然忘不了，第一次將這張仔細夾在記事本裡的影印紙，拿給手繪地圖推動委員會的研究員看時的興奮感。這一刻，大家一起分享了手繪地圖龐大的可能性與趣味性。

手繪地圖明明是地圖，卻彷彿像是一本「讀物」。如果花時間仔細看，就會讓我莫名想起自己非常寶貝的愛書，這本書裡寫著日常的故事，記載著類似不能忘記如何享受人生之類的內容，我想像作者應該是個有些莫名「偏愛」、相當討喜的人。手繪地圖就如同這類書籍一樣，讓人感受到某種「故事」。作者討人喜歡的「偏愛」，沒有任何妨礙，光明正大的表現出來，既有趣又愉快。這種毫無顧慮的奔放感，正是手繪地圖迷人的地方。

於是，我們重視個人主義、屬人感受的哲學，與日復一日腳踏實地的「繞路」活動，遇見了感興趣的学芸出版社（日文版出版方），就這樣整理成書。幹練的編輯岩切江津子女士，神乎其技地將我們四人風格不一的四份原稿統整在一起，讓我們敬佩不已。能夠遇見為了手繪地圖的可能性而雙眼綻放光芒的手繪地圖推動委員會成員、各地公所與企業，以及一起度過愉快時光的工作坊參加者們，真的是非常棒的事情，心中只有無限感激。因為這些接連發生的微小奇蹟，讓這本書得以見到天日，真的非常感恩。

本書一再強調：「你的日常，就是某個人的非日常。」就像是，對我來說炸竹筴魚淋醬油是日常，沾番茄醬是非日常，是想都沒有想過的事。你是哪一派呢？喔，竟然是塔塔醬派？什麼，竟然是甜辣醬的擁護者？？不敢相信有人淋醬油？？？騙人的吧，怎麼可能，那就錄取你吧（笑）！

如果和剛讀完本書的你一起聊天，配著這樣的「話題」，似乎就能吃好幾碗飯了。

說到吃飯，就想配炸竹筴魚。當然是淋醬油囉！

二〇一九年六月吉日

手繪地圖推動委員會研究員　大內征

章	頁碼	案例地圖名稱	地方	委託單位	製作負責人
序	014	立科小道消息 MAP	長野縣立科町	立科町教育委員會	川村行治研究員
1	032	都幾川食品具 Shopping MAP	埼玉縣都幾川市	採訪單位 「都幾川小物屋」川崎敏雄先生	大內征研究員
	044	下諏訪大地潛士之旅地圖	長野縣下諏訪町	採訪單位 「諏訪泛靈論」石埜三千穗先生 散步家降旗香代子女士	川村行治研究員
	049	佐原小鎮漫步地圖	千葉縣香取市左原	採訪單位 NPO 法人「小野川與佐原町街景思考會」越川悅子女士	大內征研究員
2	064	一高生生態 MAP	宮城縣仙台市	仙台市地下鐵東西線 WEB 計畫	川村行治研究員
	072	跟著小道消息逛筑波 筑波育兒小知識地圖 BiVi 筑波手繪樓層地圖	茨城縣筑波市	大和租賃股份有限公司	赤津直紀研究員
	079	弘明寺「笑」店街 MAP	神奈川縣橫濱市	橫濱市立大岡小學	赤津直紀研究員
	085	「你為什麼來惠野?」地圖	北海道惠庭市惠野	NPO 法人 惠野地方振興據點	跡部徹研究員
	087	你所不知道的稻毛工廠地圖❶	千葉縣千葉市稻毛區	NPO 法人 稻毛地方振興據點	跡部徹研究員
3	120	十日町通回憶 MAP(屋號篇、職業篇、市集篇、家屋篇)	山形縣遊佐町	遊佐町地方振興協力隊 加藤未來小姐 遊佐地方營造協議會	赤津直紀研究員
	129	你所不知道的稻毛工廠地圖❷	千葉縣千葉市稻毛區	NPO 法人組織稻毛地方振興據點	大內征研究員
	134	在遊玩中學習——南相馬再生能源地圖	福島縣南相馬市	南相馬的太陽能田公園	大內征研究員
4	156	小道消息巡禮!伊勢原市巷弄地圖——大山腳下篇	神奈川縣伊勢原市	伊勢原市商工觀光課	大內征研究員
	163	舒適小鎮　稻城地圖	東京都稻城市	野村不動產股份有限公司	跡部徹研究員
	168	孤獨地圖 心靈的處方箋地圖 濱松町地圖 東京最佳好視野　From 濱松町	東京都港區濱松町	壽城市空間服務股份有限公司	大內征研究員
	176	過去的岡山,未來的岡山 MAP OKAYAMA WONDER LAND MAP 岡山休日充電計畫 MAP	岡山縣岡山市	Good Okayama Project 委員會 (NPO 法人大家的聚落研究所/一股份有限公司/永旺夢樂城股份有限公司)	跡部徹研究員

手繪地圖推動委員會（可樂餅股份有限公司）

川村行治 Kawamura Yoshiharu——序章、第三章編纂者

可樂餅股份有限公司（手繪地圖推動委員會）負責人，INSECT MICRO Agency 負責人。曾在大型廣告代理商工作，2010 年獨立創業。工作內容是打造有關地方與商店等的溝通制度。1968 年生，東京都人。

赤津 直紀 Akatu Noki——第四章編纂者

可樂餅股份有限公司（手繪地圖推動委員會）董事，INSECT MICRO Agency 董事。曾在廣告代理商工作，2011 年進入 INSECT 公司。以商業設施與商店等為舞台，開發兼具數位便利性與類比才能表現的體驗的服務，協助導入數位標示。「老么」力量研究家。1975 年生，茨城縣人。

跡部徹 Atobe Tooru——前言、第一章、第五章編纂者

可樂餅股份有限公司（手繪地圖推動委員會）董事，閱讀空氣股份有限公司負責人兼概念師。全日空白金會員雜誌「ana-logue」總編輯。曾在瑞可利（Recruit）擔任雜誌、網路、免費刊物的總編輯，二〇〇八年獨立創業。從事媒體概念設計與新事業的開發。著作包括《閱讀空氣企劃術》（暫譯，日本實業出版社）、《前進的力量》（暫譯，Discover 21）、《顧客緣公司的媒體戰略》（暫譯，技術評論社）等。一九七四年生，宮城縣人。

大内征 Oouchi Sei——第二章、結語編纂者

可樂餅股份有限公司（手繪地圖推動委員會）董事、郊山旅行家、山旅作家。行走於各地郊山，追尋土地的故事，探索地方的趣味之處。透過文章、照片與小故事傳達其魅力。錄製 NHK 深夜廣播節目「旅行達人～前進郊山吧！」，著作包括《郊山旅行》《私房！郊山旅行》（暫譯，二件書房）、《郊山手帖》（暫譯，日東書院本社）一九七二年生，宮城縣人。

可樂餅股份有限公司　手繪地圖推動委員會事務局
聯絡方式：〒 251-0032
神奈川縣藤則市片瀨 4-16-26-402
info@tegakiMAP.jp

手繪地圖推動委員會成員

江村康子

專業手繪地圖創作家。居住於長野縣佐久市。以自家倉庫為基地活動。

Naohiga

專業手繪地圖創作家。喜歡男人真命苦。

中尾仁士

專業手繪地圖創作家。喜歡視覺圖像紀錄勝過三餐。

森内章

幹練的手繪地圖總監兼拉麵大哥哥。

水澤充

手繪地圖推動委員會網路總監。搭乘小貨車繞群馬縣妙義山的山腳。

Oka Tomomi

手繪地圖推動委員會白米負責人。人稱小岡。

萩原有希

手繪地圖推動委員會主持人兼 CAO（酒精長）。

小堺丸子

手繪地圖推進委員主持人。Daily Portal Z 寫手。編織負責人。

佐藤遙

手繪地圖推動委員會主持人。手繪地圖偶像。原本是實習生。

荻原豪一

手繪地圖推動委員會主持人。原本是實習生。容易被勸酒。

小川尚志

手繪地圖推動委員會傳教士。隸屬於在地小吃振興地方團體連絡協會（Ai B League Association）。書法家。

手繪地圖畫起來！

挖掘地方魅力的魔法

地元を再発見する！手書き地図のつくり方

編者　手繪地圖推進委員會
作者　川村行治、赤津直紀、跡部徹、大内征
譯者　林詠純
總編輯　周易正
責任編輯　胡佳君
編輯協力　郭正偉、徐林均
行銷企劃　陳姿妘、李珮甄

封面插畫　巫伊平
封面設計　葉萱萱
內頁設計　張廖淳心

印刷　釉川印刷

定價　350 元
ISBN　9789860653182
版次　2021 年 11 月　初版一刷

出版　行人文化實驗室／行人股份有限公司
發行人　廖美立
地址　10074 臺北市中正區南昌路一段 49 號 2 樓
電話　+886-2-3765-2655
傳真　+886-2-3765-2660

總經銷　大和書報圖書股份有限公司
電話　+886-2-8990-2588

小道消息搜集委員會告訴你，世界沒有秘密！

國家圖書館出版品預行編目 (CIP) 資料

手繪地圖畫起來——挖掘地方魅力的魔法／
川村行治 , 赤津直紀 , 跡部徹 , 大内征作 ; 林詠純譯 .
-- 初版 . -- 臺北市 : 行人文化實驗室 , 行人股份有限公司 , 2021.11
216 面 ;14.8x21 公分
譯自 : 地元を再発見する ! 手書き地図のつくり方
ISBN 978-986-06531-8-2(平裝)

1. 地圖繪製 2. 都市地理學 3. 地方創生 4. 日本

609.2　　110015804

9 789860 653182　00350

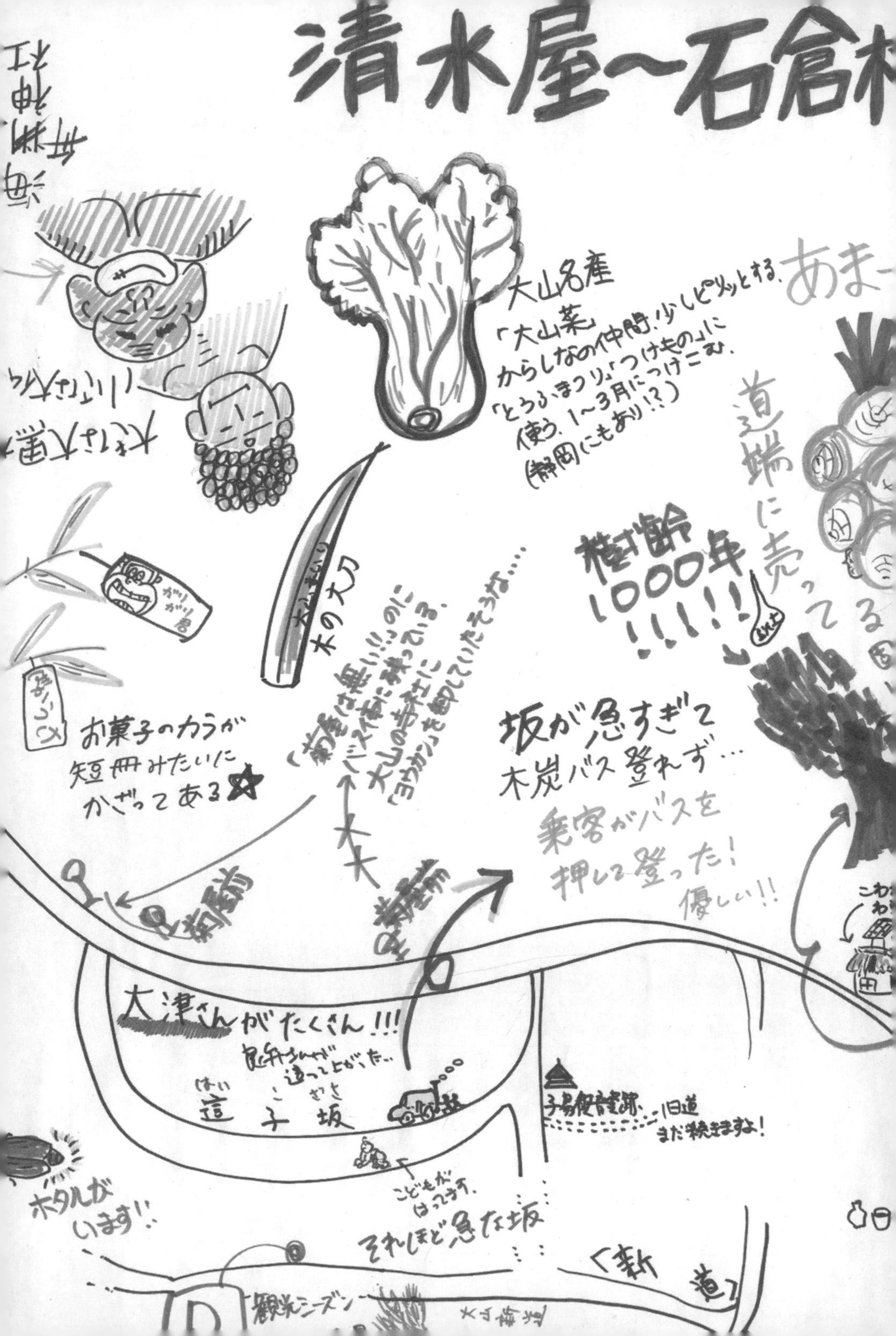
清水屋〜石倉橋
大山名産
「大山菜」
からしなの仲間。少しピリッとする。
「とうふまつり」「つけもの」に
使う。1〜3月につけこむ。
(静岡にもあり!?)
道端に売ってる
樹齢
1000年
!!!!!!
木の大刀
ガリガリ君
お菓子のカラが
短冊みたいに
かざってある☆
坂が急すぎて
木炭バス登れず…
乗客がバスを
押して登った!
優しい!!
大津さんがたくさん!!!
這子坂
旧道
まだ続きますよ!
こどもがはってます。
ホタルが
います!!
それほど急な坂
「新道」
観光シーズン

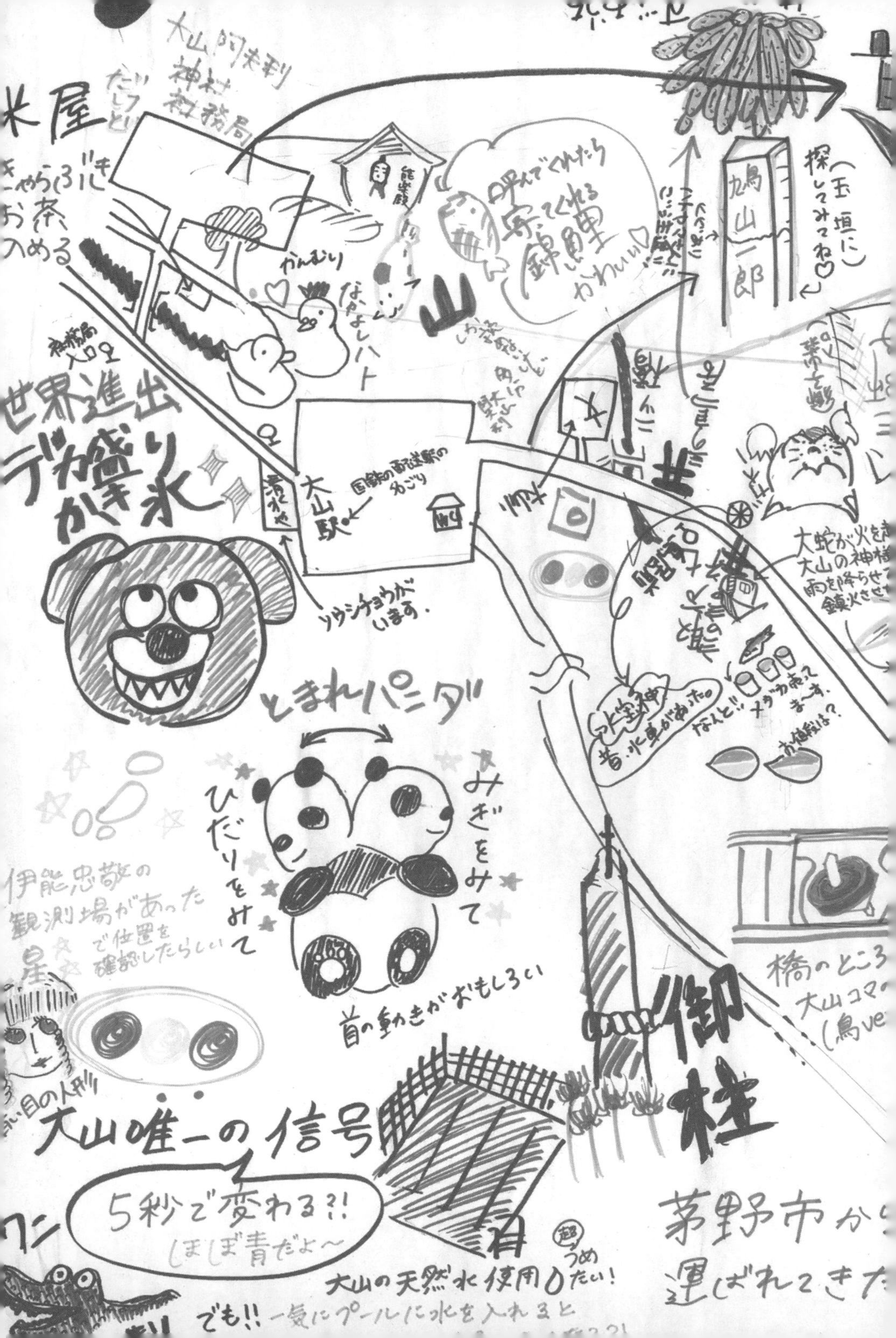
米屋
大山阿夫利神社社務局
能楽殿
かんむり
なかよしハト
呼んでくれたら来てくれる錦鯉
かわいい♡
鳥山九一郎
(玉垣に探してみてね♡)
社務局入口
世界進出
デカ盛りかき氷
大山駅
WC
ソウシチョウがいます。
とまれパンダ
みぎをみて
ひだりをみて
首の動きがおもしろい
伊能忠敬の観測場があった
星で位置を確認したらしい
大山唯一の信号
5秒で変わる?!
ほぼ青だよ～
大山の天然水使用
超つめたい!
でも!! 一気にプールに水を入れると
ワニ
昔、水車があった。
なんと!! メダカ売ってまーす。
お値段は?
大蛇が火を
大山の神様
雨を降らせて
鎮火させた
橋のところ
大山コマの
(鳥ver
御柱
茅野市から
運ばれてきた

シクロパビリオン・エキップアサダの
ホームグランド
ウマナーサイクリストを

ときがわ町は応援します

春、大きな木に耳をつけると
水の昇る音が聞こえます

ホント！

うど

パノラマポイント
（注）急な下り坂

堂平山（どうだいらさん）
△875M